住まいと暮らしのサイズダウン

広さ、ものを手放して
小さくすっきり暮らそう

柳澤智子
Tomoko Yanagisawa

JN103008

マイナビ

はじめに

「最近、暮らしをサイズダウンして、
小さな家に住む人が増えているらしいですよ」
という、雑談から始まったこの本の企画。
2018年の刊行後、このたび文庫版となりました。

20年ほど編集者・ライターとして住宅・インテリア雑誌の取材を通じ、
多くの住まいにおじゃましてきました。
ここ数年、取材先でも、まわりの友人たちも
ものを手放し、あえて狭い家を選ぶ人が
なんと増えたことか！

「狭くないの?」と聞くと、

「狭いけど問題ない」「狭いからいいんじゃない」

と、小さな暮らしを謳歌する明るい声が返ってきます。


私自身は郊外の一戸建てに住んでいます。

収集癖があり、本、器、登山・キャンプギアと

"もの"が大好き。


小さく暮らしているとはいいがたい。

でも、片付けが苦手ですっきり暮らしてみたい。

そんな背景もあり、興味津々で

ものを手放し、サイズダウンして暮らしている

10の家族を訪ねました。

そして、できることはすぐに真似を。

必要だと思っていたものを手放す。車を持たずにカーシェアを利用する。

仕事の事務所は、シェアオフィスを利用する。

おお！

小さく暮らすとは、こんなにストレスがないものなのか。

明らかに生活への考え方がかわりました。

それから4年。

感染症対策でのステイホームがあり、また住まいの在り方、

暮らし方を見つめ直す機会が多くの方にあったと思います。

この本に登場する10の暮らし方に共通しているのは

「小さく、かつ楽しい」こと。

家のなかにいて、〝楽しい〟はとても大事。

この本が、

あたらしい暮らし方のヒントになれば幸いです。

2021年10月　柳澤智子

サイズダウンして小さく暮らすってどういうこと？

この本には、10の家族が登場します。
何をどんなふうにサイズダウンしたか、
その方法は十人十色でした。
どうやら、入り口は違っても
その柱は3つに
分けられるように感じました。

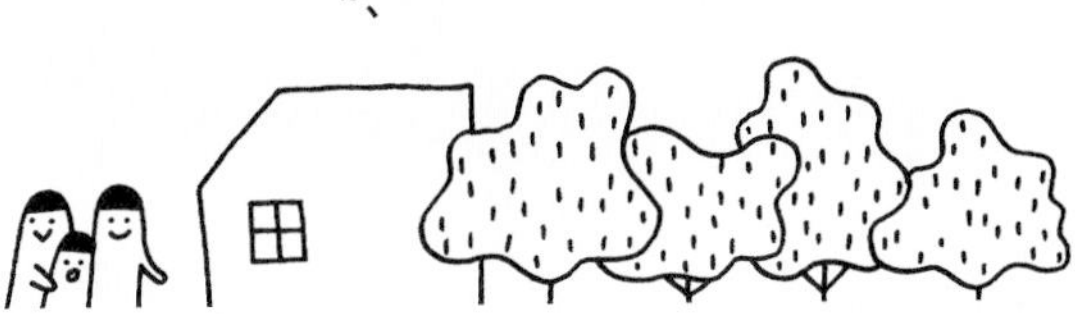

『住まいを小さくする』

前の家より小さな家を選ぶ。

通勤の利便性、親が近くに住んでいる、保育園・幼稚園、学校が近いなど子育てのバックアップの存在、緑が多くて生活がしやすいなど、どうしても住みたい地域を優先したい背景。不景気もあって住居費を絞り、教育費や将来の積み立てなどほかのところにお金を使いたい、という金銭的な背景。いろいろな背景がありますが、根底に流れる共通の価値感は「大きな家には惹かれなくなった」ということ。

「東日本大震災以来、ものを所有することをやめた」という尾崎友吏子さんや、「理想的な暮らし方を考えると、広いリビングや十分な収納、個室はいらない」という間庭一宏さん&恵理子さん夫妻、「目と手が届く大きさの家にして、DIYや自家発電など暮らしを自分で作りたい」とトレーラーハウスに住む鈴木菜央さん。

住まいを小さくすることで暮らし自体も小さくなり、家事がうまくまわる、時間に追われなくなったなど、金銭的なメリットだけでなく、前の家では気がつかなかった、小さな家だからこその魅力がそれぞれにありました。

『ものを少なくする』

自分たちの生活に必要なものは持つけれど、それ以外は別になくてもいい。ミニマリストではないから、趣味のものは手放したくないし、コレクションだってする。取材した10家族とも、そんな自分らしい〝ものとのつきあい方〟を楽しんでいました。

自家用車、ソファ、ダイニングテーブル、収納家具など手放しやすい大きなものから、来客用のふとん、タオルケット、バスタオル、冠婚葬祭の衣類など「なくてもいいよね」というものや、ミキサー、炊飯器など調理家電や洋服など「なくても大丈夫なの!?」という思い切ったものまで、皆さんが手放したものは種類、量ともにたくさん。

逆に、残したものにもきちんと理由があって、ただ捨てる、手放すだけではない、ものの減らし方は勉強になることばかり。

皆さんがした、ものを少なくする工夫はP166へ。

余計な支出と手間を減らす

家を小さくして、住居費、光熱費などが減る。ものを少なくすることで、購入にかかる支出や維持費が減る。こういったことを積み重ねていくと、余計な支出が結果としてぐんと減る。家やものを小さくしていくと、金銭的なサイズダウンに。

さらには、これまで広い家を維持するためにしていた家事労働や、お金には換算できない不要な家事の時間、ストレスが減ることにもなって、お金、時間、気持ちへの余裕にもつながります。

家を小さくして、
ものを少なく、
支出を減らす

⇓
⇓

身軽になる

人生の次の転機や予定外のトラブルを迎えてもフレキシブルに対応できるのが、小さく暮らすメリット。身軽に軽やかに。

住まいを小さくするといいこと

⇓

◎家賃、維持費が安くなる

◎家の選択肢が広がる

◎光熱費が安くなる

◎家事の負担が少なくなる

CONTENTS

PART 2

環境を重視して
小さく暮らす

PART 3

自分らしくあるために小さく暮らす

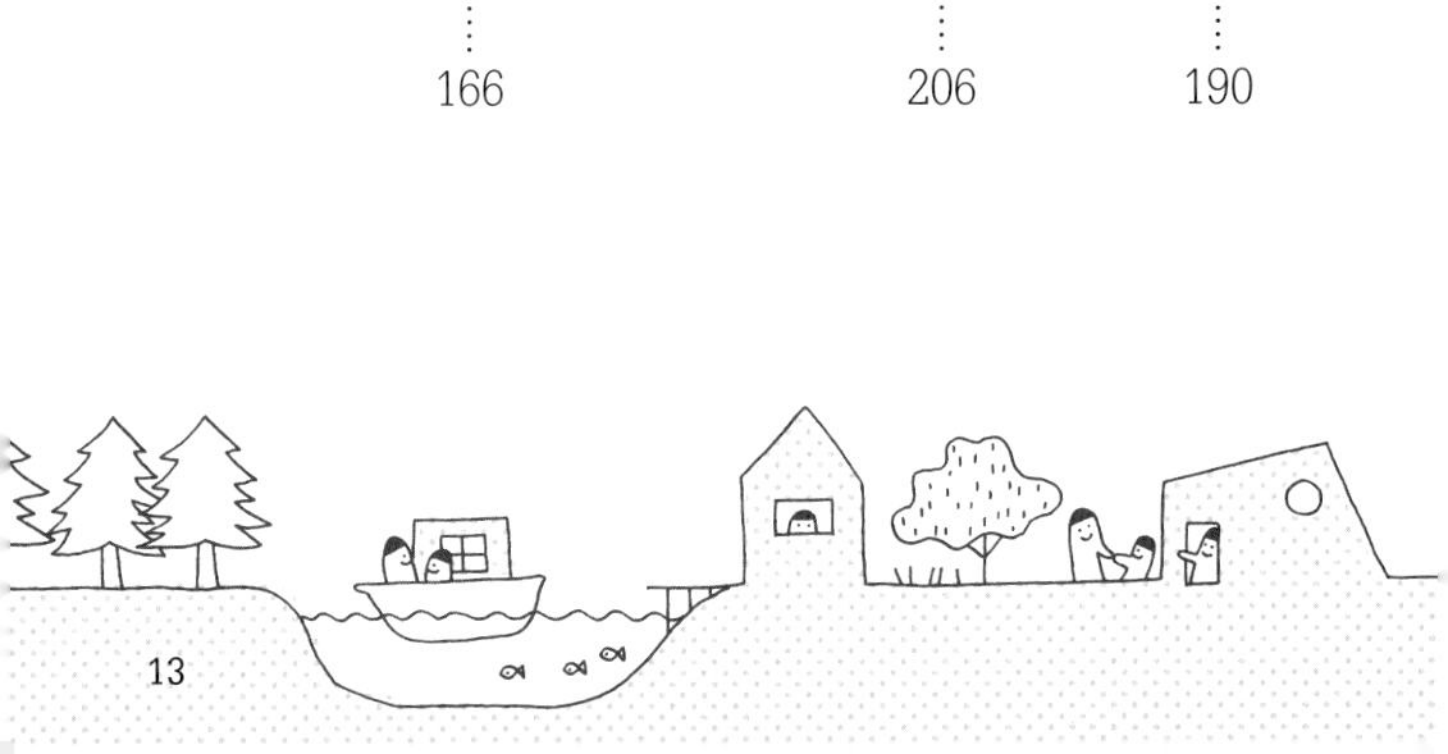

PART 1

広さとものを手放して小さく暮らす

結婚して、子どもが生まれて、家族が増えるにつれて
家はどんどん大きくなっていくのが普通だと思っていました。
自分らしいインテリアや、季節ごとのしつらえを楽しむことが
豊かなことだとも思っていました。
でも、どうやらそうだとは言い切れないという価値感が、
これから紹介する４軒の家と暮らし方にはありました。

「自分がしたいライフスタイルをふまえたら家族３人、１ＬＤＫで十分」というＡｋｉさん。

「以前より小さい家に住み替えて、ローンを完済。

住居費を減らした分、がむしゃらに働かなくてよくなった」尾崎友吏子さん。

「きれいなデザインの家具やプロダクトは大好き。

いろいろと買ってきたけれど、少し持つだけでよくなった」ａｙａｋｏさん。

「思いがけず、小さな家に引っ越しせざるを得なくなったけれど、
新しい価値感と出合えた」山津潤香さん。


小さく暮らすためにものを「ふるい」にかけたという４人。

最後まで残ったのはなんだったのでしょう？

case 1

■外資系企業に勤める会社員（39歳）。会社経営の夫、5歳の息子とともに50㎡の1LDKでの暮らしをつづったブログ「Living Small」が人気。31歳で夫が独立し世帯収入が半分になったことで小さな暮らしを始める。『家事を手放してシンプルに暮らす』（ワニブックス）が発売中。

■Akiさん

家事と通勤を楽にしたい あえて都心の1LDKに

+20㎡

50㎡ ← 30㎡

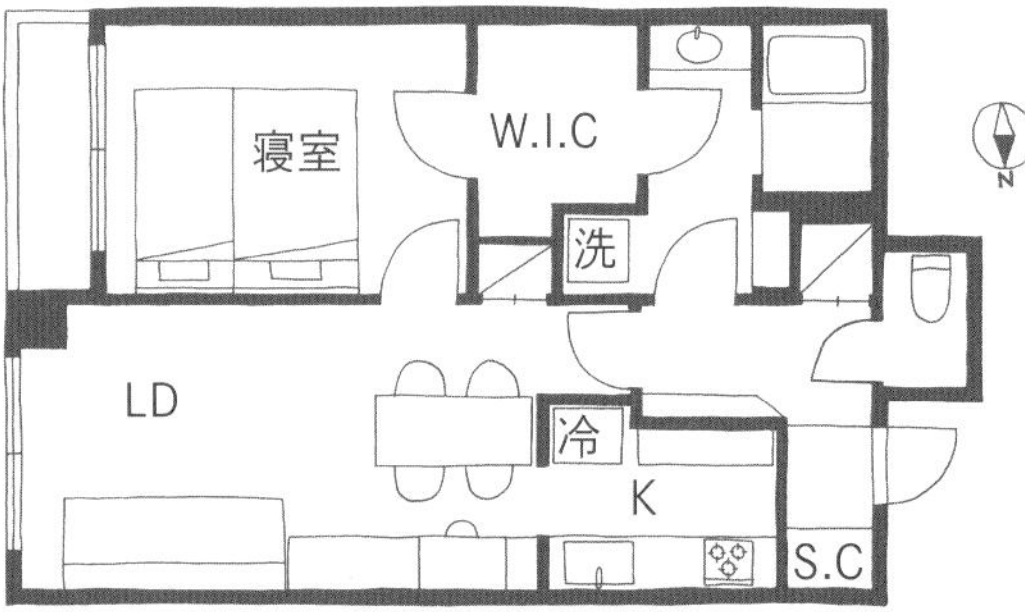

■引っ越しヒストリー
①0歳 社宅で生まれる。→②3歳〜11歳 ドイツへ。→③11歳〜18歳 帰国し、祖母宅で同居。→④18歳〜22歳 実家で暮らす。→⑤22歳〜29歳 ひとり暮らし。→⑥29歳〜31歳 結婚しふたり暮らしに。途中、夫が独立し世帯収入が減り小さな暮らしを始める。車を手放す。→⑦32歳 アメリカへ単身赴任。→⑧33歳 現在のマンションを購入。→⑨34歳 長男出産。
→〈現在の家〉分譲マンション／新築／50㎡／1LDK／東京都23区内

広く見せるための家具のルール

リビングダイニングは10畳ほど。広く見せるため背の高い家具は置かず、リビングボードはテーブルと合わせ72cmの高さにオーダー。「目線の高さに絵や写真を掛けて、視線をそちらに向ける工夫をしています」。より広くすっきり見せるため、リビングボードは取っ手をつけず、シンプルに。家具、床ともに落ち着いたトーンでまとめ、暗くなりすぎないようイスやクッション、照明は白に。

ぜいたくな窓からの眺めが決め手に

都心立地だけど、窓の外には豊かな緑が。マンション建設中に現地に何度も足を運び、隣の公園の植樹が見える位置を計算。「この階のこの位置からなら緑が見えるはず！」と部屋を決定。その読みはドンピシャで、毎日変化する美しい樹々が部屋から眺められる。ソファの前にはあえてテーブルは置かず、広々使う。「テーブルがあると、ついものを置いてしまうから散らかる原因になるんです」

海外を含め9回の引っ越し経験から「小さいほうが楽しい」という価値観に

「夫も私も賃貸派。家を買うつもりはなかったんです」と話すＡｋｉさんが暮らすのは、東京23区のなかでも人気の街にある新築分譲マンション。仕事で多忙な夫婦は、お互いの勤務地の中間に住み替えようとしましたが、それはちょうど不動産価格が下落した頃。

「賃貸と変わらない予算でより条件のいい物件に住める、１ＬＤＫなら将来売ったり貸したりしやすいと思って、軽い気持ちで購入したんです」

入居してすぐに長男を授かりましたが、５歳となった今も広さに不満はなし。幼少期はドイツで、就職後にはアメリカに2年転勤で暮らすなど、海を越えての引っ越しが多かったというＡｋｉさん。家族3人では狭いのでは？　とよくいわれるそうですが、身軽に動けるようものは少ないほうがいいという経験と、いつでも家族が顔を合わせて過ごせる小さな家がいいという夫の希望もあって、１ＬＤＫ暮らしを楽しんでいます。

忙しいワーキングマザーであるＡｋｉさん。日用品や食材はネットか宅配で購入していると聞いていたので、「ストックは必要以上に持たないようにしている」という言葉が意外でした。

収納場所に限りがあるため、というのはもちろん、ないならないでなんとかする、というのがその理由。

「たとえば調味料。ないなら、それを使わない料理を作る（笑）。砂糖とみりんのように代用できるものもありますし。マヨネーズとケチャップは常備せず、使うときだけミニサイズを買います。それに、マヨネーズは作れるし、ケチャップはトマト缶で代用できます」

トイレットペーパー、ラップはコンビニで買えるから、とぎりぎりまで買わなかったけれど、今は災害時を考えて少しだけ多めにストックをしているとのこと。

一事が万事、こんなふうにどんなささやかなものでも、本当にいる？　いらない？　を考えて、Ａｋｉさんの小さくても快適な暮らしは作られているようです。

ダイニングに家族が集まる工夫を

食事をするだけでなく、夫婦でそれぞれ資料やパソコンに向き合い仕事をすることもあるし、息子がお絵描きやレゴブロック遊びをすることも。思い思いに過ごせるようテーブルは少し大きめサイズに。

「食事をするだけなら4人掛けの場合、幅120cm程度あれば十分ですが、作業台として使うことを想定して少し広めの150cmにしました」

奥行きは壁にぴったりあうよう80cmに。この"ぴったり"が部屋をすっきり見せる理由のひとつ。

必要なものはダイニングテーブルからすぐに手が届くように、パソコン関係の小物、文房具、子どものおもちゃや工作道具などを、キャビネットやクローゼットに配置。

「よく使う小物をダイニングに集めると近くで使うようになり、くつろぎたいリビングにはものがあふれません」

プロジェクターで映像を壁に映し、家族３人くっついて映画を見るのが幸せ。下の段には、１段目がプロジェクター、２段目がアンプとリモコン、一番下にはゲーム機とApple TVを。

プロジェクターがあれば、
大きなテレビはいらない

朝のニュースは食卓の横の小さなテレビで見る。カウンターは夫婦の仕事机も兼ねていて、いずれは息子の勉強机にする予定。サイズは悩んだけれど圧迫感の出ない奥行45cmに。

アームレスで幅180cm。奥行き90cm。大きさの割に圧迫感がないと選んだレザーソファは、「アカセ木工」のもの。床座に近いロータイプなので、くつろげるとか。

窓辺に欠かせない植物。手入れや植え替えなどが手におえないときは、購入したお店が良心的な価格でケアとアドバイスをしてくれるそう。

ささっと拭くだけできれいになるキッチン

そうじをしやすくするため、ものを外に出さないようにしている。シンクの中のスポンジラックも撤去。調理の合間、洗い物が一段落したあとに、ふきんでささっと拭けばピカピカに。そうじ用、食器用、手洗い用と3本の洗剤を置いていたが、手洗いは食器用洗剤で代用できると気づき、2本に。

キッチンの背面には、家電やストック、ウォーターサーバーを置いた棚を配置。配膳はひとり分ずつトレイにのせて。盛り付けは棚の上でするため、ここにもものは置かない。平日のそうじは「ルンバ」におまかせ。棚の下が定位置。部分的に掃除機をかけたいときは、「マキタ」のコードレスで。

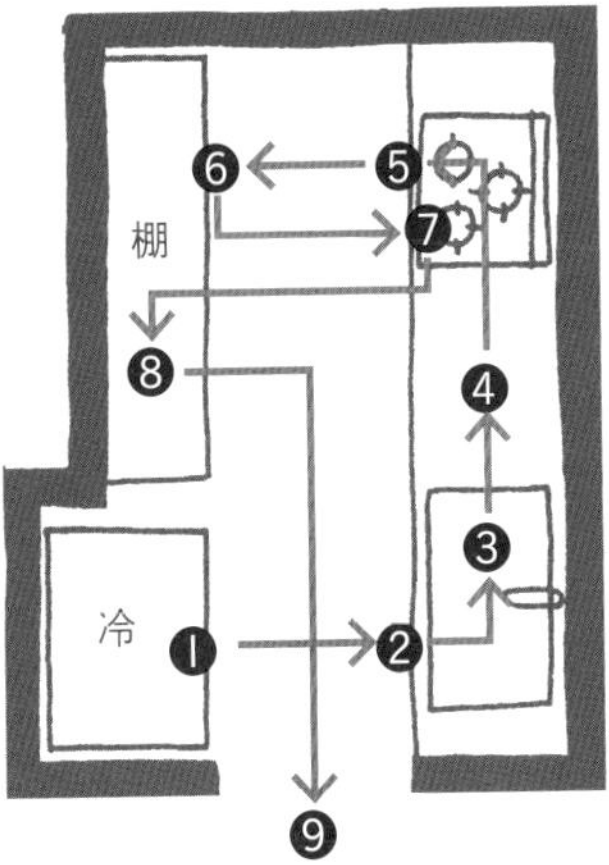

❶食材を取り出す
❷調理器具を出す
❸食材を洗う
❹食材を切る
❺鍋を出す
❻鍋にウォーターサーバーから水を入れる
❼火にかける
❽器に盛る
❾配膳する

寝室&クローゼットも、ものを少なく

寝室にあるのはセミダブルとシングルのベッドと空気洗浄機だけ。ベッド下にも、なにも置かないと決めている。「収納が十分ではない我が家ですが、ベッド下に収納してしまうと取り出しにくく、使うのが面倒になってしまいます」。風とルンバがスムーズに入ることで、湿気やホコリ知らず。寝室と洗面室をつなぐのは、ウォークインクローゼット。トップスとボトムスは「ハンガーに掛ける収納」を徹底している。理由は、畳むのを面倒がる夫のため。「おかげで、なにがあるか把握しやすく、コーディネートもしやすくなりました」

＼ クローゼットと洗面室に
つながります ／

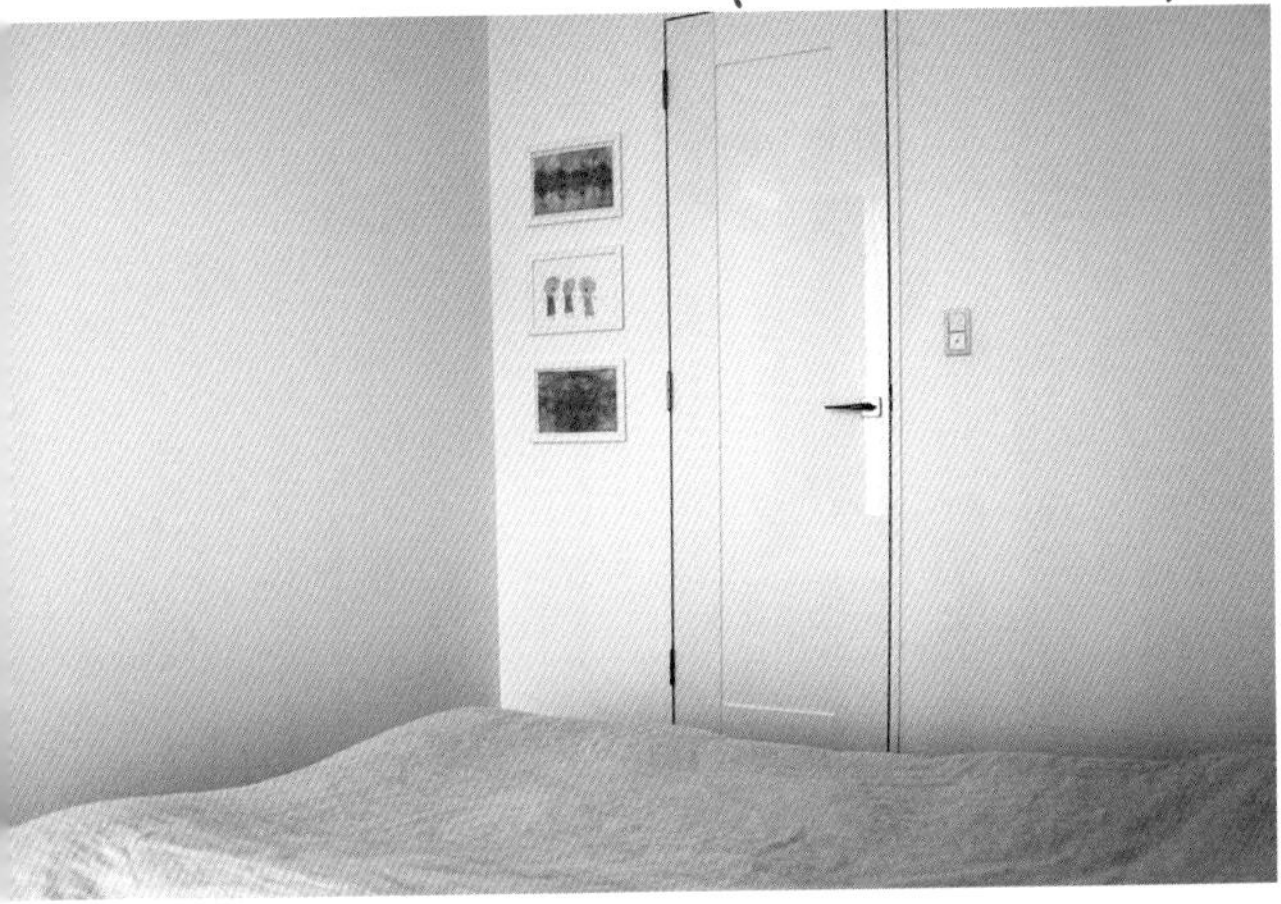

子ども部屋はなし
リビングで存分に遊べる工夫を

スペースがないなら壁も遊びの場に！ と、ネットで見つけた吸着式のホワイトボードを壁に貼って、思う存分お絵描きできる場に。

キッズサイズのイームズチェア。子どものための家具を用意し、遊んでほしいエリアにだけタイルカーペットを貼ったことで、自然と子どもが遊ぶ場に。

小さなリビングでも子どもが目一杯、遊べます

元気な盛りの息子くん。できるだけ外に連れて行って遊んでいるけれど、家にいるときはリビングが遊び場。

「リビングが縦長で、バルコニーがない間取り。キッチンから見ると奥まっているので、私が家事をするためにここを通ることはありません。家事で忙しくしているときにおもちゃが邪魔になるとついイライラしてしまいますが、動線が分かれていれば狭い部屋でも気にならないんです」

絵本は、ダイニングテーブルの背面にある扉付き造作収納に。親が読んでいる本にも興味を持ってもらえればと、そのすぐ上に辞書や大人の本も置いています。

子どもがお絵描きしたい場合は、ちゃぶ台が出動。以前はガラス製のリビングテーブルを置いていたが、出産を機に撤去。使うときだけ出せるちゃぶ台は重宝。

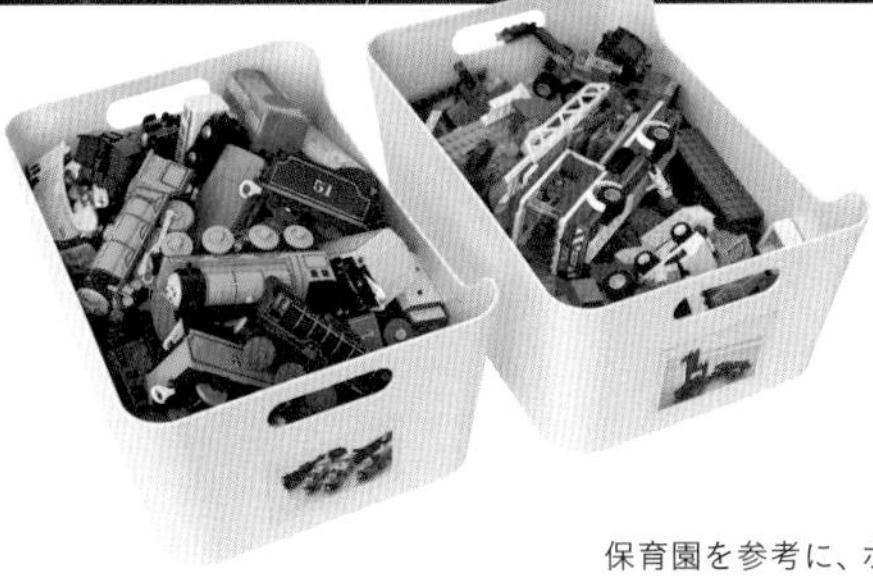

保育園を参考に、ボックスにシールを貼って小さな子どもでも片付けられるおもちゃ収納に。基本「ぽいぽい放り込むだけでよし」。また、「とりあえずなんでも箱」をひとつ作っておくとラクだとか。

キッチンツールは同じ機能を持つものは買わないように

鍋本体はコンロ下の高さのある引き出しに。ふたはその下の引き出しに立てて収納、取っ手はコンロ脇の細長い引き出しの中に。使うシーンと取り出しやすさを重視して分類している。

食器棚の収納はよく見直すそう。よく使う食器は取り出しやすい位置に。違う種類の食器は重ねない、前後に並べない、がポイント。

キッチン道具や器は定期的に数や配置の見直しを

キッチンツールを減らすため、「同じ機能のものを複数持たない、単機能のものは買わないようにしている」というAkiさん。「鍋やボウルはサイズ違いで必要な数だけそろえ、スライサーは包丁で代用できるから買いません」

その収納にも使いやすい工夫がありました。

「調理器具は、種類別でなく使うシーンで分けて収納しています」

例えば、泡立て器や菜箸は調理台側に、お玉やトングはコンロ脇に。使うとき、すぐ手が届きます。

鍋は「クリステル」のLシリーズ（16cm、18cm、20cm、22cm）。オールステンレスで衛生的。スタッキングでき、共通の取っ手をつけて使えるのでかさばらない。「ル・クルーゼ」の鍋20cmも愛用。

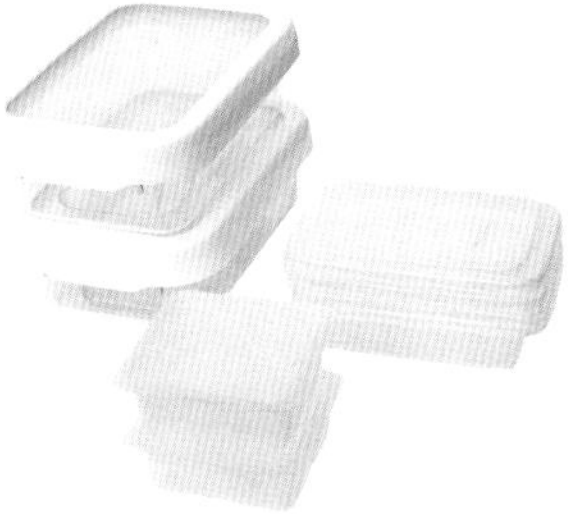

保存容器は、入れるものの容量に合わせて3種類に統一。大人・子どものごはん用（右＆手前）と、家族3人分の作り置きの保存にちょうどいい「OXO」のロックトップコンテナ レクタングル 0.7L（左）。

ボウルとざるは「柳宗理」デザインの16cm、19cm、23cmをサイズ違いでそろえている。重ねたときの美しさは、名品とされるだけある。

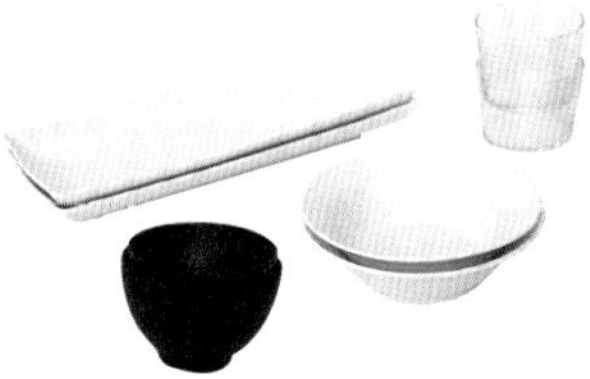

食器はほとんどが白の磁器。「ロイヤルコペンハーゲン」「ジノリ」が好き。すべての器を数えたら80枚ほどあり、もう少し減らせそう。

トップスは体型にあう定番品をリピート

冬のニットもすべて「ジョン・スメドレー」。色は、黒、グレー、紺などベーシックカラーが好き。

夏のツインニットはどれも「ジョン・スメドレー」のもの。着心地、細身だけれどぴったりしすぎないシルエットは、理想通り。

ニットはすべて「ジョン・スメドレー」に

季節外れのものは宅配クリーニングを利用しているとはいえ、あまりにすっきりしていたウォークインクローゼット。さぞかし、洋服も厳選しているだろうと思いきや、意外にもＡｋｉさんは買い物好きだそう。ただし、1着買ったら1着手放す。そして、似合うものしか絶対に買わないとか。

ニットはほぼすべてが「ジョン・スメドレー」のベーシックな形のもので統一されていました。

「袖丈と着丈が長めで、細身だけど体のラインを拾いすぎない形が私の体型にぴったりなんです。薄手で収納もかさばりません」

宅配クリーニングを利用して収納衣類を減らす

あっという間 手間要らずの衣替え

Akiさんの衣替えはわずか1時間足らず。というのは、宅配クリーニングを利用しているから。衣類やふとんを発送用バッグにつめて宅急便で送るだけ。洗濯後は、そのまま次のシーズンまで保管してくれます。季節外の衣類の保管にアウトソーシングを活用することで、手間も省きつつ、家族3人分の衣類が1.5畳のクローゼットに無理なくおさまりました。

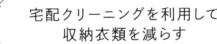

case 2

■建設コンサルティング会社に勤務。ブログ「cozy-nest 小さく整う暮らし」が大人気となり、『ミニマリストの持ちもの帖～家族5人 これだけで暮らしています』（ＮＨＫ出版）など著書多数。3児の母。

■尾崎友吏子《ゆりこ》さん

住まい、ものを軽くして ムダのない家計に

-20㎡

約70㎡ ← 約90㎡

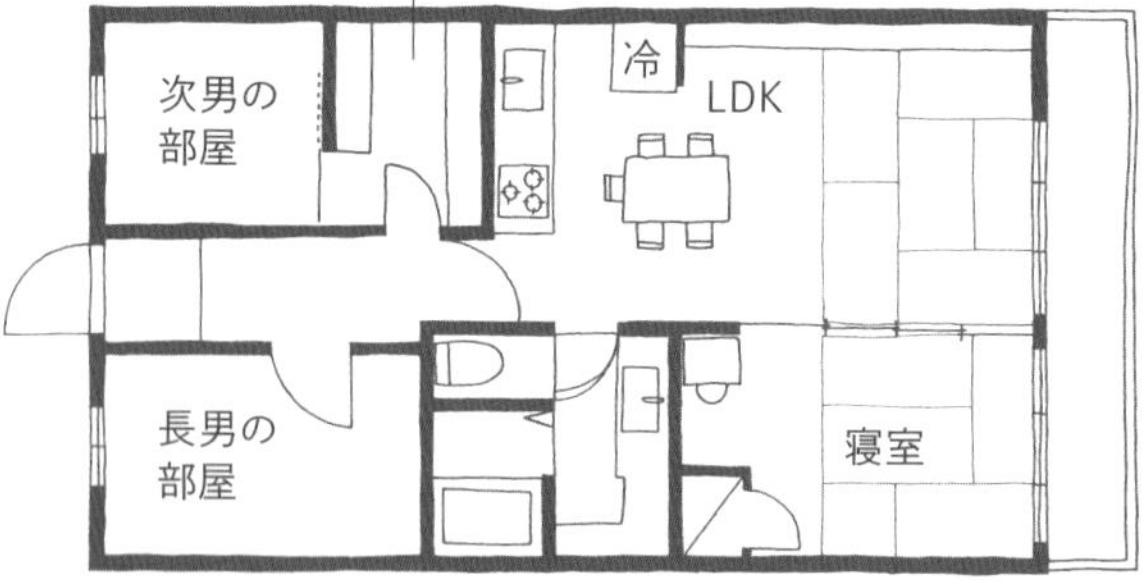

ラクにきれい、が続くリビング

4.5畳の寝室と６畳のリビング。ベッド、ソファなどを持たず、「床には何も置かない」と決めている。リビングの造作収納の上にも、ものがほとんどないので、とにかくそうじが楽。夜、眠るとき、寝室にふとんを敷き、リビングとダイニングテーブルの上をリセットするのが日課。朝から片付けなくていいし、仕事から帰宅してからも家が片付いているとイライラしない。

■引っ越しヒストリー
①賃貸公団住宅／40㎡／2DK／大阪府／3年住む。夫の転勤のため引っ越し→②賃貸公団住宅／50㎡／3LDK／大阪府／3年住む。→③分譲中古マンション／90㎡／3LDK／大阪府／12年住む。建て替えのため売却しローンを返済。その売却益で現在の家を現金購入。
→〈現在の家〉分譲中古マンション／70㎡／3LDK／大阪府／2015年から入居

マンションを住み替えて住居費は、マイナス10万円 その分を、教育費や貯蓄に

効率のいい家事や小さく暮らすためのノウハウにまつわる著書を、4冊持つ尾崎さん。具体的な数字、根拠を出した小さな暮らしのメリットの解説あり、防災の準備をしながらのものの減らし方指南あり……と、どの本も勉強になること!!

4年前までは約90㎡の分譲マンションに住んでいた尾崎さん家族。結婚して3人の子どもを授かるなか3回引っ越しをしましたが、「家族が増えると、家も大きくするものだ」と、家の面積はどんどん広くなっていき、それが当然だと思っていたとか。

フルタイムの共働きで、家で過ごす時間はあまりなく、いつも散らかっていた、といいます。二級建築士、インテリアコーディネーターの資格を持つ尾崎さん。インテリアも大好きで、理想の家を手に入れたはずなのになぜ家事とお金に追われてしまうのか……。

そんな暮らしの転換は、マンションの老朽化による建て替えと東日本大震災でした。「シンプルな暮らしがしたい」と、次に選んだのは前よりも狭い約70㎡のマンション。「価値観が変わり、大きな家が不要になったんです」と尾崎さんはいいます。前の家は売却しローンを返済。その売却益で、今のマンションを現金購入したそうです。これで、毎月の10万

円以上の住居費から解放され、子ども3人の教育費や将来の不安も軽減されました。

都市部では、家族5人で70㎡は決して小さな家ではありませんが、家具やものを手放したら、さらにゆとりある空間に。ものを維持するための労力、費用や時間から解放され、気持ちがラクになった、と話してくれました。大量生産・消費とは一線を引き、必要なものだけを持ち、ミニマムに生きる。まねしたいことばかりです。

代用できる調理道具は持たない

リフォーム時、配膳の効率を考えてキッチンはI型に。数歩の移動だけですべてが手に届くコンパクトサイズ。炊飯器（→鍋）、小さなボウル（→器）、水切りかご（洗ったらすぐにふいて片付ける）、トースター（→魚焼きグリル）、ホットプレート（→大きめのフライパン）、と代用がきく道具は持たないとか。

case 2 分譲中古マンション／リノベーション／約70㎡／3LDK

ソファやベッドなしでも くつろげる和室リビング

ソファがないとくつろげない、は幻想だった

リビングはフローリングから畳にリフォーム。隣接する寝室も、同様に畳敷きにしています。理由は、ソファ、ベッドなど大きな家具がなくてもくつろげるから。

以前はきちんとサイズを測って厳選したソファを置いていたそうですが、掃除やカバーを洗濯する手間はかかるし、誰か1人が寝転んでしまうと、他の4人は座れない……なんてことに。それなら、全員が床に座ればいい。

「旅館のような和風のくつろぎも悪くありません」

ふすまを閉めたら
寝室に

リビングと寝室の畳はい草ではなく、「ダイケン」の「和紙畳」。
カビ、ダニをブロック、色あせを防ぐメリットがあるとか。

こんなにいい！
家族全員ふとん生活

部屋を広く使える
ふとんはメリットだらけ

以前は子ども用に2段ベッドを持っていましたが、それもオークションで売却。家族5人、ふとん生活です。使っているのは、上げ下ろしがラクな機能性敷きぶとん。

ふとんのメリットは、畳んで収納すれば部屋が広く使えること。さらに、ベッドとマットレスを買うよりコストが抑えられるうえ、移動が簡単なので日当りのいい場所に広げて、簡単にふとんが干せます。

来客用は、掛けぶとんとガーゼケットだけ。敷きぶとんは持ちません。宿泊する来客は、遠方に住む母くらいなため、敷きぶとんは普段、次男が使っているものをシーツを替えて流用。

「いざとなれば、レンタルふとんや寝袋、ビジネスホテルを利用してもいいですしね」

子ども部屋は4畳。
ふとんなら畳めば
友達も呼べる

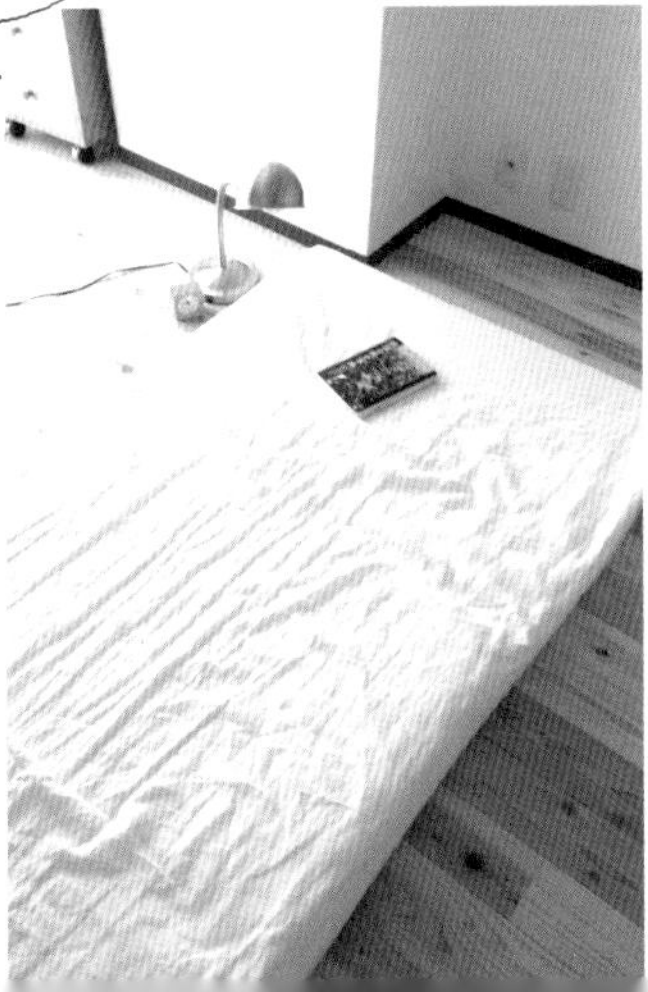

次男のふとんはアイリスオーヤマの機能布団。子どもでも簡単に畳めて軽い。

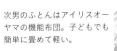

家族の服は1カ所に
家事も収納もらくちんに

ハンガー収納で畳む手間ゼロ

400から16に。これは何の数字かというと、尾崎さんが所有する洋服の点数です。20数年前、結婚前に服を数えてみたところ、400着超え。新居への引っ越し時に80着に減らしたといいます。

そして、今ではオールシーズン合わせて15〜20着に。パーソナル診断を受けて似合うとわかった生成りややわらかな白、そして黒いアイテム。リネン、カシミヤと天然素材の質のいいものを手入れしながら同じ組合わせで着て、小物で印象を変えているとか。

夫と子どもたちも洋服の数は少なめです。部屋の一部を改装して、ファミリークローゼットを確保。すべての洋服はハンガーに掛け、ここに収納しています。畳む手間も洗濯物を各部屋に運ぶ手間もないので、衣類の管理はラクチン。季節外れのものは、保管サービス付きの宅配クリーニングも利用。

1 家族別、掛ける収納

整理収納アドバイザー1級の資格を持っている尾崎さん。その収納方法は実に合理的。乾いた洗濯物をハンガーのまま吊るして収納する→選ぶ→取り出すの一連の動作がしやすいようにと、吊るすのは今の季節の分だけを家族別に。バーの下のあいているスペースには、「Fits」の引き出し収納を置き、季節外の服、小物を。季節が終わるごとに整理し、衣替えが楽になったとか。

② 朝は全員ここで着替える

正面に吊るされたオーガナイザーの1段目と3段目(★)にご注目。パジャマが脱いだ状態そのままに。「ここでそれぞれ朝着替えるので、パジャマの一時置き場に」。ハンガーはすべて「無印良品」のアルミ製のもので統一。薄い、グッドデザイン、外に干しても劣化しにくい三拍子。乾いたらそのまま外さずにクローゼットへ。ニットなど服が滑り落ちないよう、シリコンのチューブを挟んで、滑り止めに。

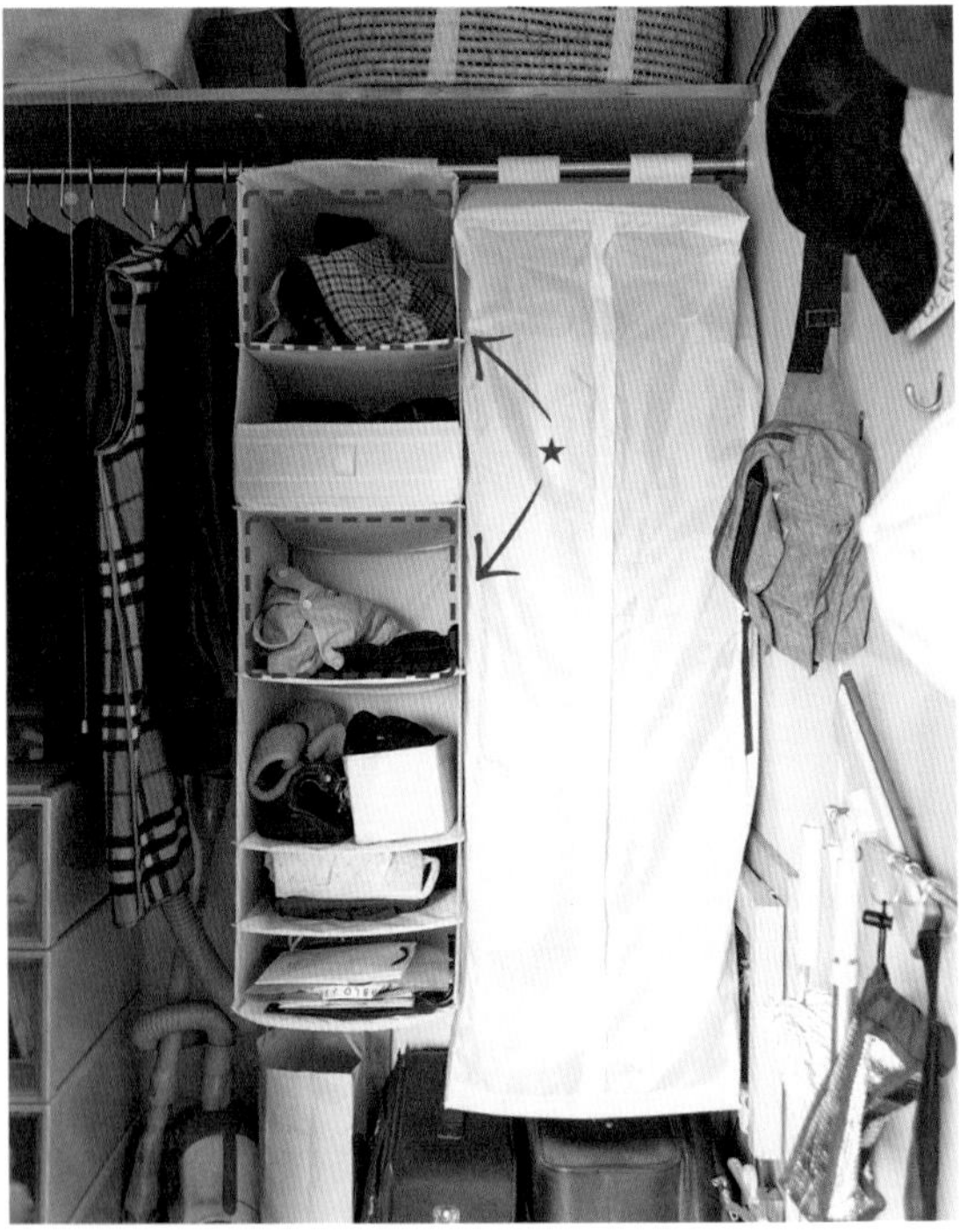

3 畳まず収納、あとは各自で

ファミリークローゼットの扉にはバーを取り付けて、帽子やバッグ、掃除道具を掛けられるように。帰宅してすぐに、ひょいっと掛けられるので便利。ハンガーで掛ける収納をさらに楽にするためにしていることにも目からウロコ。洗濯ものを物干竿に干す前から家族別に並べているとか。こうすると取り込むときも、「ここからここまでは長男の、ここまでは次男の」と仕分けが省ける。

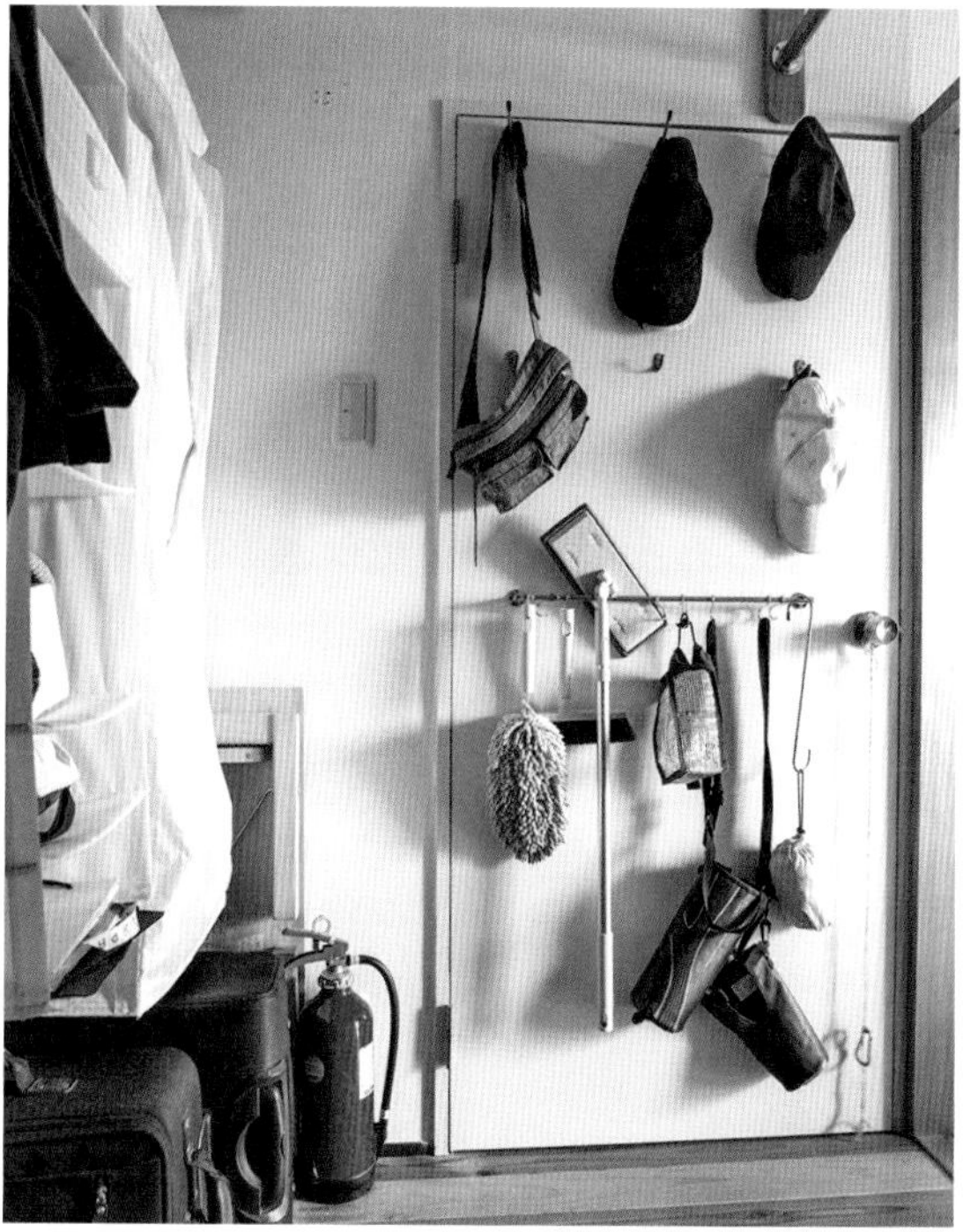

子ども３人
どうする？ 個室問題

個室はなくてもなんとかなる!!

長男18歳、次男13歳、三男8歳の尾崎家三兄弟。個室は、長男と次男だけにあり、まだ小さい三男は寝室内に2畳ほどのスペースがあります。自分の場所として片付けるように伝えているとか。

長男、次男の部屋はそれぞれ4畳ほど。広く使うためにベッドではなくふとん、本棚は壁付けにしてその下に机を置く、というスタイルにしているそうです。

尾崎家の兄弟は年齢が少しずつ離れているので、三男が個室がほしいという頃には長男が自立するかもしれない、と子ども全員に個室がなくてもいい、という考え。

ちなみに取材時には、次男くんがリビングで勉強をしていました。試験や受験など集中したいときは塾の自習室も利用するそうで、やはり個室にはこだわりません。

三男のスペース

家をリフォームした際、「三男の場所になれば」と寝室の一部を板の間に。わずか2畳ほどですがこの切り替えがあることで、三男も「自分の場所！」という意識が生まれ大喜びだったそう。壁に付けた棚は、ホームセンターでカットしてもらい、取り付けは簡単な大工作業を時間単位で受け付けてくれる、地元工務店に依頼。机は尾崎さんが中学生の頃から使っていたライティングビューロー。使わないときはたためるので見た目もよく、場所もとらない。

家計簿で浮いたお金がはっきりわかる

すきま時間に記帳してお金の流れを整える

結婚以来、20年間続けているというのが家計簿。そもそも、家計簿は、雑誌『婦人之友』を創刊したジャーナリスト・羽仁もと子さんが考案したそうで、尾崎さんも「羽仁もと子案 家計簿」パソコン版を愛用してきました。使ったお金を記録するだけでなく、予算を立てるので使いすぎを把握できるのがメリットとか。

この『婦人之友』には「全国友の会」という読者で構成するいわばオフ会があり、家事研究やさまざまな講習会があるそう。尾崎さんは「年代関係なく学びがたくさんある」と積極的に参加しています。「ActiveMoney Pro」という家計簿アプリも愛用。『婦人之友』の家計簿と同じ項目になるようにカスタマイズしています。

アプリなら計算も一瞬、比較も一瞬。お金の管理が一目瞭然です。

長年愛用の「羽仁もと子案 家計簿」。パソコン版もある。

case 3

■イラストレーター。30代。「心を楽に、シンプルライフ」というブログを、ほぼ毎日つづる。3歳と6歳の男の子と会社員の夫と4人暮らし。

■ayakoさん

「小さく暮らす」きっかけは急な引っ越し

-40㎡

80㎡ ← 120㎡

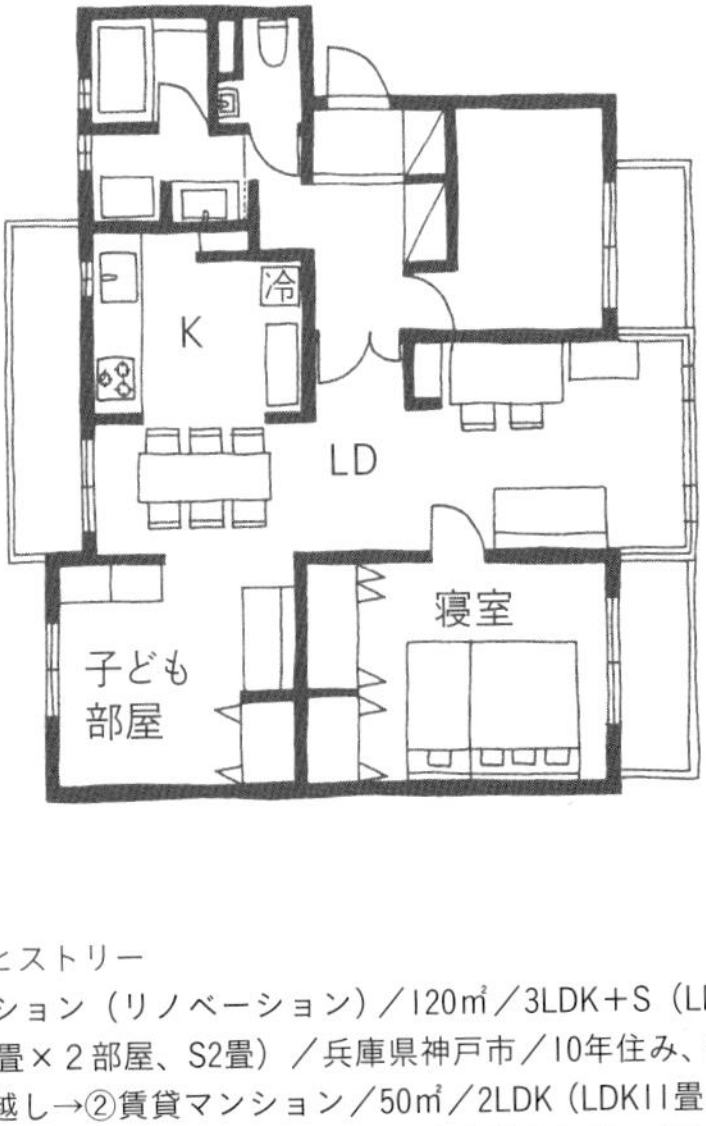

■引っ越しヒストリー
①分譲マンション（リノベーション）／120㎡／3LDK＋S（LDK18畳、寝室11畳、個室8畳×２部屋、S2畳）／兵庫県神戸市／10年住み、仕事の都合で横浜へ引っ越し→②賃貸マンション／50㎡／2LDK（LDK11畳、寝室6畳、個室4.5畳）／神奈川県横浜市／１年半住み、家を購入し引っ越し
→〈現在の家〉分譲マンション（3LDKから2LDKにリノベーション）／80㎡／3LDK／神奈川県横浜市／2016年から入居

引っ越すたびによさを感じるオーダーテーブル

10年前にオーダーしたという、長さ2mを越えるダイニングテーブル。

「食事をする以外に仕事をしたり、いつか子どもたちが勉強することを考え、68×204cmで造ってもらいました」。堅牢な造りで存在感があるけれど細長いので、圧迫感もない。「以前、小さな賃貸で暮らしていたときは大きすぎた(笑)。でも、オーダーで愛着があるから、このテーブルを見るだけで癒された大切な家具。この先、何があっても手放さないと思います」

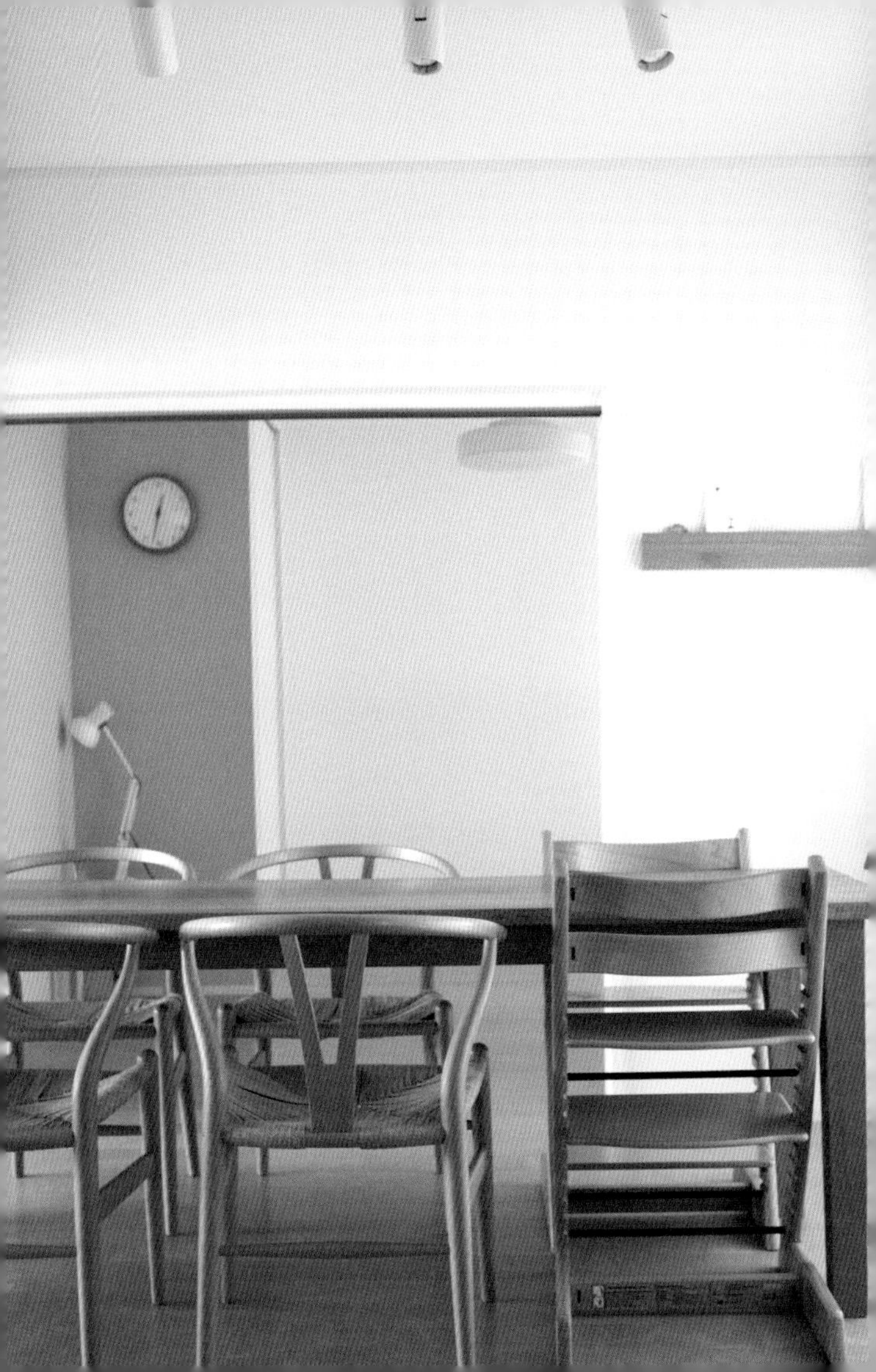

理想は北欧のホテル
ミニマムに機能的に暮らしたい

ラグなし、カーテンなしでシンプルリビング

ダイニングとひと続きのリビング。南向きに窓があり、眺めも採光もいい。以前は壁一面を覆うほどの大きな本棚を置いていたが、ゆとりある空間を重視したために、ソファと仕事用のデスク、子どものためのベンチ兼用本棚とコンパクトに。ソファのそばでミニテーブルが欲しいときは、「アルテック」の丸いスツールを代用。また、空間がすっきり見えるようにカーテンではなくブラインドを採用し、そうじや手入れの手間を考え、冬でもラグは敷かない。

24 子どもが生まれてものを持つことがストレスに

歳で結婚して以来、比較的広い家で暮らしてきたというａｙａｋｏさん。夫婦ともに横浜出身ですが、夫の仕事の都合で新婚から10年間は神戸住まい。定年までずっと神戸で暮らす予定だったため、１２０㎡、３ＬＤＫ＋納戸という恵まれた条件の中古マンションを購入しました。ここでふたりの息子も授かりますが、夫が転職をし、横浜に引っ越すことに。しかも急に決まったことで、ゆっくり家を探す余裕もなく、50㎡の賃貸をとりあえずで借りたとか。この引っ越しこそが、ａｙａｋｏさんのシンプルライフの始まりでした。

なんといっても、今までの半分以下の広さ。家に入りきらない来客用ベッド、チェスト、ワゴン、テレビボード、ランプ、そして仕事用の画材などを手放します。なかには憧れて買ったインテリアショップのものも含まれていたけれど、入らないものはしかたがない。そして、どんどん手放していくうちに、あることに気づいたといいます。

「以前の家が私には広すぎたということもあって、必要以上にものを持ちすぎていました。結果、ストレスの原因になっていたかも」

その後、中古マンションを購入し、リフォーム。80㎡とやや広くなりましたが、ものを持たないことの清々しさを知ってしまったから、以前のようにあれこれ家具や雑貨を買ってインテリアを楽しむことはありません。

ａｙａｋｏさんの今の理想は、北欧のホテルのような家。建築を学んでいた学生のころからそのシンプルさ、機能美が好きでした。

何度も旅したあの国のミニマムだけど豊かな価値感をまねよう、そう思い、現在の暮らし方に至ります。「リビングは座る場所を増やしてリラックスしたいから、最低限のソファと家族で使うワークデスクだけ。寝室はベッドがあればなにもなくてもいい。シンプルに暮らすと家事がうまくまわるので、子どもに対しても大らかになれます。心がラクになるんですよね」

子どものものは、ファイルボックスで分類

ダイニングと隣接する子ども部屋の壁の幅ぴったりにおさまる棚は「IDÉE」のもの。もともと、ここに置いていた棚は高さが120cmあり、圧迫感が気になっていたそう。以前の棚は夫が大学時代から使っていた間に合わせのものだったこともあり、何を収納するかをきちんと考え、「無印良品」のファイルボックスがぴったり入る見た目のよさもあって、新しく購入したとか。ボックスには、子どものおもちゃや学習用品、保育園用のリュックを子どもでもわかりやすいようにラベリングして収納。夫の趣味のものもここに。

壁の一角だけを「イマジンウォールペイント」のペンキでDIY塗装。理想とする北欧インテリアからイメージの色を選び、4パターンのカラーサンプルも取り寄せ、ペールグリーンに決定。新芽を思わせるやわらかな緑色に心も和む。

憧れのYチェアが気持ちを前向きに

大学時代は建築を学んでいたayakoさん。ウェグナーデザインの名作・Yチェアはいつか暮らしに取り入れたい存在だった。Yチェアが美しく並んでいるのを見ると、「買ってよかったなあ」と今でも幸せな気持ちに。だけど、そこは元気いっぱいの子どもがふたりいる家庭。気がつくとイスはてんでバラバラの方向に向き、おもちゃが散らばる。気分よく家族と向き合うために、イスはきちんと向きをそろえテーブルの上にはなにも置かない。10秒でできる、小さな習慣。

部屋が広く見えるI型キッチン

キッチンは「パナソニック」のシンプルな白いＩ型のデザインに。決めるまでにショールームをまわったとき衝撃だったのが、「シンクとガスコンロがあまりに大きいものが多くて。こんなに大きくないとだめなの？ と驚きました」。おさまるキッチンの幅に上限があったため、シンクとコンロはやや小さめサイズに。そのおかげで、作業するスペースは、幅60cm確保でき使い勝手も問題なし。収納がたっぷりあるけれど、埋まっているのは七分目ほどまで。

音楽が大好きな夫。「CDは手放したくない」と所有枚数は、なんと数百枚！ よく聴くものは壁の上のスペースを利用して「無印良品」の棚をしっかり固定。この神棚的収納のムダのなさは、さすが！

梁の裏にCD棚を
取り付けました

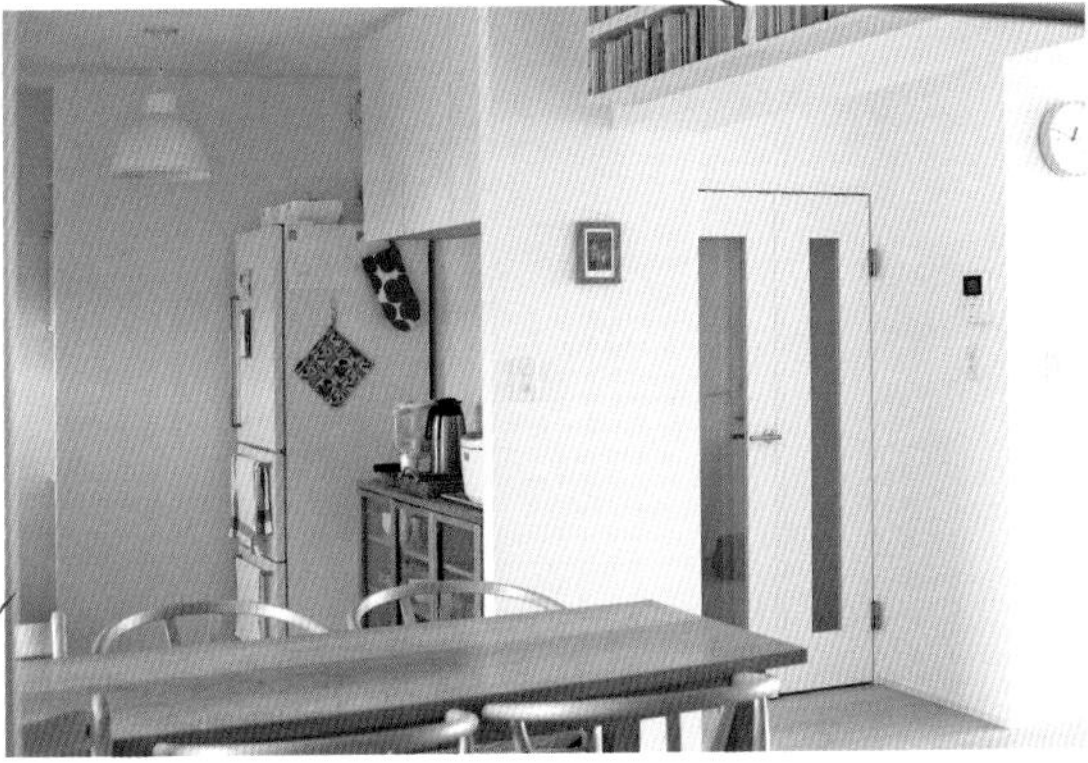

ゴミ箱は3つ縦置きできる
スペースを造りました

オープンキッチンのためゴミ箱を隠したい、と思いついたのがこちら。「無印良品」のゴミ箱が縦におさまるよう棚がダイニング側から見えないよう壁を造った。下から燃えるゴミ、プラゴミ、紙ゴミ、一番上にはゴミ箱なしで、缶ビン＆ペットゴミを。

好きなものは壁に飾る

絵と写真を美術館のように「マリメッコ」など色彩豊かなパターンが好きだというayakoさんですが、インテリアはシンプル主義。雑貨も好きではありますが、ぐっと我慢してあえて飾ることはしないとか。壁だけは、飾ってもいい場所に。シックな色の写真やドローイングを気分によって選んでいます。

玄関の壁には写真集を。365日の日付と風景写真が収録されていて、日めくりカレンダー代わりにしている。棚は、「無印良品」の“壁に付けられる家具”。

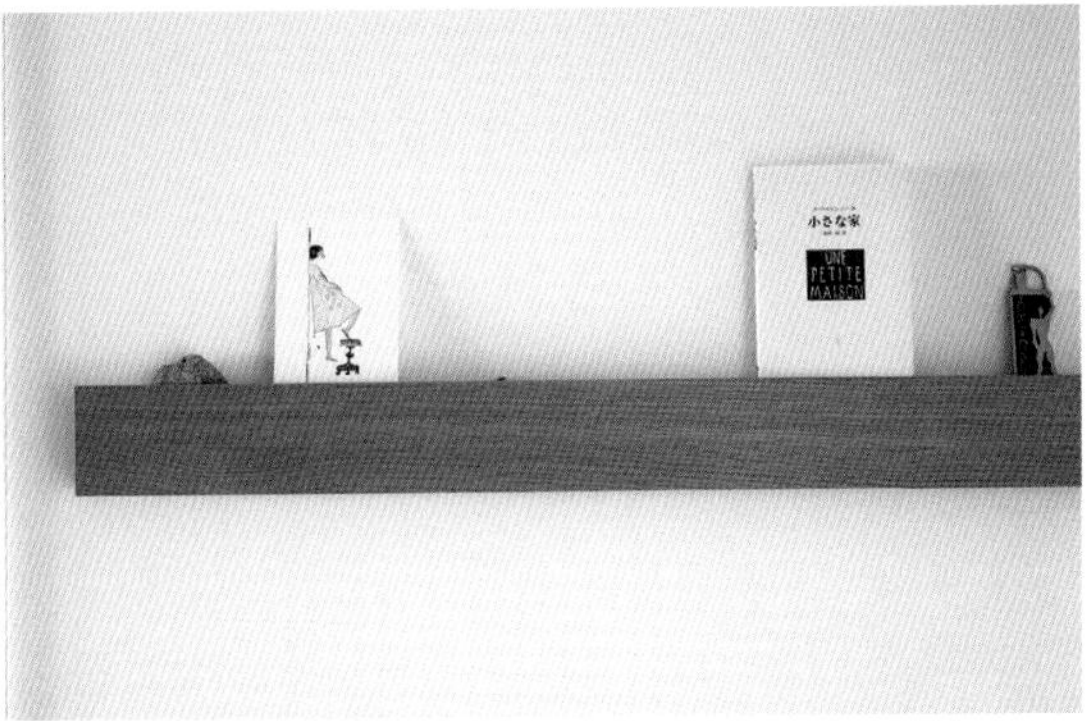

キッチンの壁にも「無印良品」の“壁に付けられる家具”を。大好きな建築家コルビジェの作品集と、美術館のミュージアムショップで購入したポストカードをディスプレイ。

モノトーンのドローイングは、山本容子さんの銅版画。フレームは、家具や床の色と合わせて淡い茶色に。細やかな気遣いが統一感のあるインテリアにつながる。

和食器は手放して磁器だけに

好きな器だけを随時オーディション

器好きのａｙａｋｏさんですがたくさん持ちたくなく、長く使えるものが数枚あれば満足派。８年前に買った「無印良品」の食器棚は、ガラス戸で中がよく見えるところが気に入っているそう。「手放す器は一番下の段にまとめておきます」

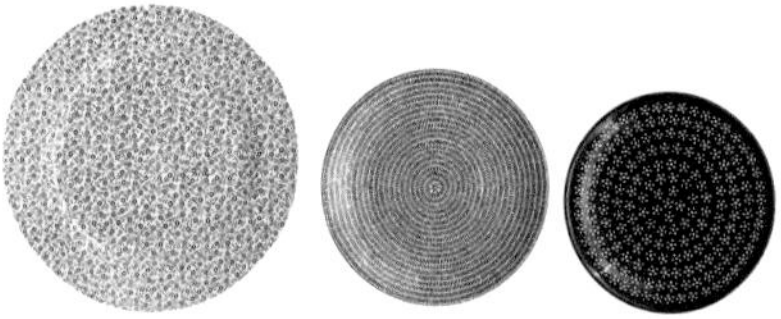

中央は「子育てで大変なとき、見ては癒されてきた」という「アラビア」のプレート。

「アラビア」の“ブラックパラティッシ”が大好き（右）。「イッタラ」も家族分そろえて。

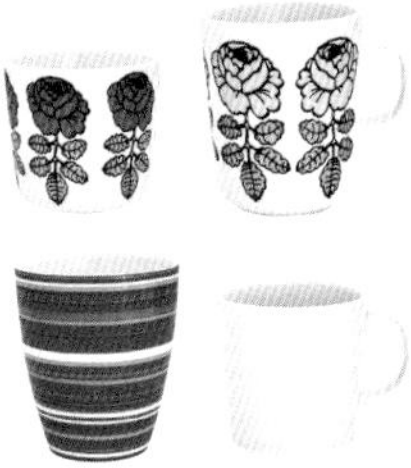

在宅ワークなので、気分転換になるお茶の時間は重要。マグカップは、気分があがる柄を。

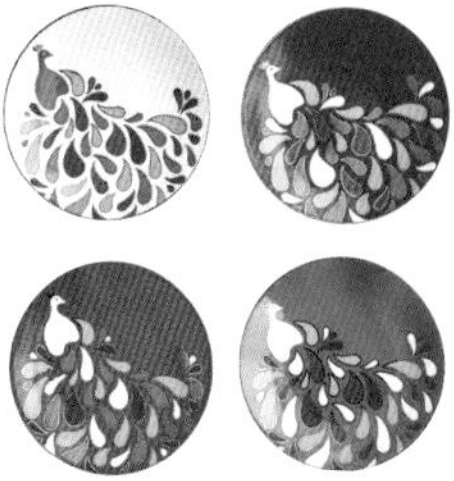

新婚旅行で「kate spade」で購入した4枚。買い足せる定番が好きだけど、これは特別。

大皿もシンプルな白が、やっぱり使いやすい。

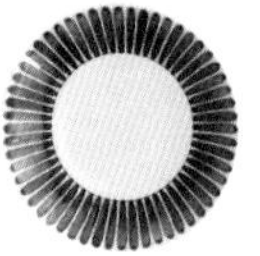

「山田平安堂」の塗り椀（右）と木の椀でお味噌汁をいただく。

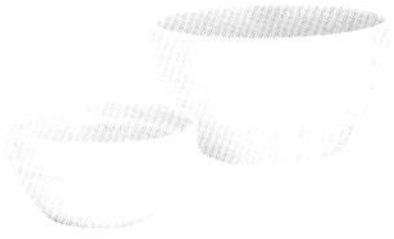

飯碗のかわりに、白いボウルを。サラダやスープにも使えるから重宝。

「無印良品」と「セリア」のボックスで全収納を統一

ボックスは清潔感のある白に

キッチンの吊り戸棚、カウンター下の引き出し、玄関のクローゼット……。どこを開けても、ファイルボックスが整然と並べられた様子は、惚れ惚れするほど美しい！

「見えない場所だからこそ、どこになにを置くのかを分類し、整えるのが楽しいんです」

キッチン、玄関、リビングの収納で活躍するのが「無印良品」のファイルボックス。A4サイズで、幅10㎝、15㎝の2種類を使い分けています。

実は、包丁を差しておくスタンドなど、もともとキッチンについていた収納ツールは使いにくいと早々に外してしまったそう。「無印良品」の整理ボックスに包丁を寝かせて収納するなど、自分が使いやすいもののしまい方を追求しています。

玄関の収納

子どものお出かけリュック、上着も大きめのボックス（★）に。下段はできるだけ空けておいて、掃除機やリサイクルに出すものをまとめておくためのスペース。

デスクまわりの収納

イラストの仕事で使う資料、道具はもちろん、雑誌もすべてファイルボックスに。「雑誌の背表紙は色がバラバラなので並べたときに気になるんです」

キッチンまわりの収納

1／子どもに触られたくない道具類は上へ。「セリア」のボックスが活躍。

2／引き出し収納は、自分好みにカスタマイズ。包丁を寝かせたり、鍋のふたは立てたり。「無印良品」のケース、さまざまです。

3／100円ショップの透明ボックスは、中が見えるのがいやで「マリメッコ」の布を目隠しに。1で見えているのは、同じ理由でカバーリングしたカセットコンロの箱。

4・5／キッチン一番奥にある3段引き出しの中身。スポンジ類のストック、ブレンダーを「セリア」のボックスに。

3

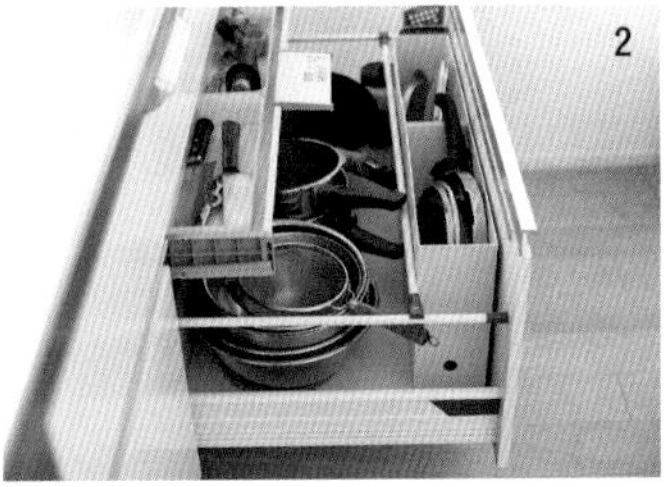
2

5

4

ソファと本棚
大型家具も小さなものに買い替え

手放したものは
「ザ・コンランショップ」のソファ、「IKEA」の本棚

いっとき、熱心に断捨離をしていたと話すayakoさん。そのなかには、悩みに悩んで買った家具もいくつか含まれていました。たとえば、「ザ・コンランショップ」のどっしりとした大型ソファ。「麻のソファに憧れて一生もの、と思って清水買いしました」。でも、10年経って布がほつれてぼろぼろに。繕うにも限界があり、カバーの買い替え金額はあまりに高い……(涙)。

また、ちょうどいいサイズやデザインの好みが変わったこともありました。今は、もっとシンプルなソファが理想。十分に比較検討して、黒いレザーソファを選びました。今までとは、全く違うテイストですが、これが正解。思い入れがあるものでも、見直して手放す。ときには必要なことです。

布よりレザーのほうが寿命が長い！と、「IDÉE」のソリッドベンチに決定。アームなし小さめサイズと脚のデザインが北欧風で好みだったことが理由。

10年選手のソファ。麻の張り地が破れ始め、修理費がかえって高くつく。またどっしりとしたフォルムが家には合わない、と買い替えを検討。

シンプルな形、座れてさらにテーブルにもなることを条件に探してたどりついた「無印良品」のテーブルベンチ。自分の本はほとんど手放し、子どもの本だけに。

「子どもには本をたくさん読んでほしいから」と大きな本棚とその中身は断捨離の対象外だったが、よけいなものまで増えてしまい、手放すことに。

洋服は365日
ワンピースのみで心を軽く

洋服選びに悩まない
ワンピースを制服に

365日、ワンピースしか着ない、と決めて7年目。それはこだわりではなく、きわめて合理的な理由からでした。

「子どもが生まれてから、もっとラクに簡単におしゃれしたい、と思うようになったんです」

コットン素材のかぶるタイプのワンピースなら洗濯もざぶざぶいけるし、下にデニムやパンツを合わせてもいい。「マリメッコ」のものなら、大好きな北欧デザインを身にまとうこともできます。

「毎日決めることが多すぎるから、服はぱっと決めたい(笑)」

そして、夫や子どものものは増えて行く一方。断捨離を無理じいするのはいやなので、減らせるのは自分のもの、とまずは洋服から整理し今では、制服に。

ハレの日

ハレの日

case 4

■元幼稚園教諭、現在は専業主婦（39歳）。グラフィックデザイナーの夫・和也さん（47歳）、颯恭（さすけ）くん（12歳）、晴丸（せいまる）くん（11歳）、椛（もみじ）ちゃん（5歳）の5人家族。

■山津潤香さん

狭くてもどう暮らしていくか楽しみ方はいくらでもある

-30㎡

50㎡ ← 80㎡

■引っ越しヒストリー
①賃貸戸建て／64㎡／3LDK／神奈川県横浜市→②賃貸で分譲タイプのマンション／74㎡／3LDK／神奈川県横浜市→③賃貸マンション／62㎡／2LDK+S／神奈川県横浜市
→〈現在の家〉賃貸マンション／築25年／50㎡／2LDK／神奈川県横浜市／2010年から入居

居心地がいいリビング

８畳のリビングで、のんびり過ごす３きょうだい。颯恭くんと晴丸くんは年子でけんかも多いが、よき遊び相手。ふたりして（特に、颯恭くん！）椛ちゃんを溺愛しているやさしい兄でもある。テレビはあえて14インチと小さくして、Amazon PrimeやNetflixを見るのは、大きなパソコンのモニターで。「大きなテレビが壊れて以来、２年間この状態。あまりテレビは見ないので、問題ありません」。AVボードは、山津さんがデザインしオーダーして造ってもらったお気に入り。

1

2

古い家具と道具を工夫して使う

この家に引っ越してきてからインテリアの好みが変わったという山津さん。今は日本の古い家具や道具が好きで、家具のほとんどが古いもの。


1・3／AVボードのとなりに置いたタンスには衣類やタオルを収納。取り出しやすいように、と作った仕切りはなんと牛乳パック！

2／こちらは昭和中期の氷冷蔵庫。上段には書類を、下段には鞄を収納。

4／行李《こうり》やトランクも現役で活躍。

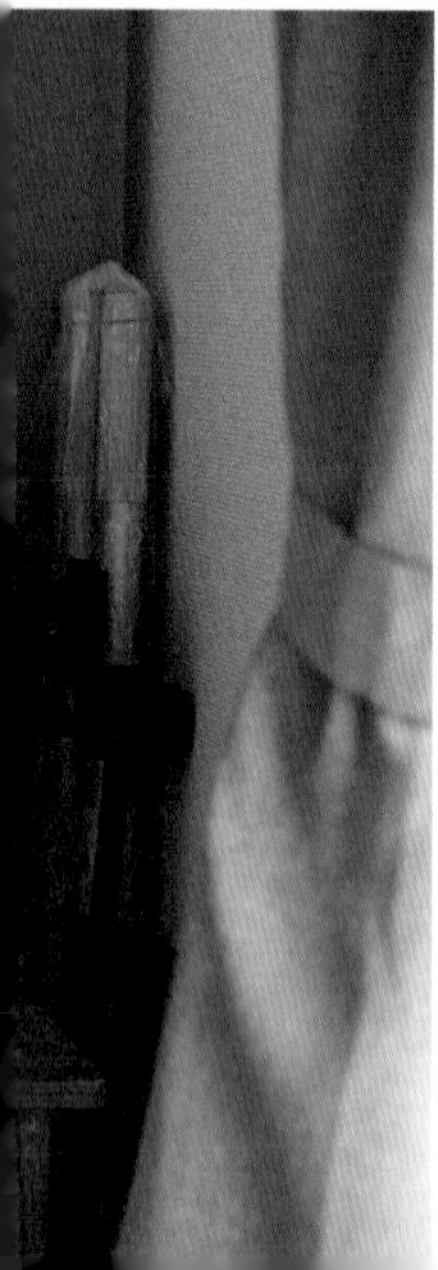

おままごとキッチンは、器用で何でも造るのが好き、という夫の自作。

家族の思い出の品や季節ごとのしつらえは欠かさない。ガラスケースの中は、夫作の椛ちゃんファーストシューズ。

すっきり、さっぱり。ステンレスのキッチン

家族５人分のごはん作りで、毎日フル稼働のキッチン。冷蔵庫とシンクの間には高さをそろえた棚を自作し、収納と作業スペースを確保。ガスコンロと壁の間の隙間には、よく使うキッチンツールと網を。「台所」といったほうが似合うような、すみずみまでそうじと使いやすさの工夫が行き届いている。「リンナイ」のガスコンロはステンレス製の角張ったデザインが好きで、次回引っ越したとしてもまた使いたいほどのお気に入り。

いいときも悪いときも子どもの表情、気配をすぐに感じられる

山津さんが14年前に結婚をしてから住んだのは、3LDK（64㎡）、3LDK（74㎡）、2LDK＋S（62㎡）。今の住まいが一番小さくなった理由は、生活費のサイズダウンをしたかったから。年子である長男・次男が幼稚園に行き始めたことなど、場所を移したい背景もありました。思春期にさしかかる息子ふたりと5歳の娘、夫の5人暮らし。さぞかし窮屈なのでは？　と失礼なことを思いつつ取材にうかがうと、意外なまでにすっきり。

「ここに住んで7年。途中で娘も生まれたので、無我夢中でものをとことん減らすようにしていました」

とはいってもミニマリストのようには暮らせない、と山津さん。好きなものが日本の古い家具や道具なので、決して効率がいい収納もできません。

「昔の家具を使って、どう暮らすか。そこに、おもしろさを感じています」

和室を見せていただくと、中央にはちゃぶ台。壁際には、子どもの勉強机がわりの帳場台。眠るときはふとんで。なるほど、昔ながらの日本の暮らし方にヒントを得て、ひとつの部屋を子ども部屋にも家族の寝室としても使える工夫がありました。

「小さな家だからこそ、なにが心地よいのか、どう心地よくするかを考えるようになりましたね」

整理整頓を学びたい、と整理収納アドバイザー2級をとり、ライフオーガナイザーが提案する年号の数だけものを手放すプロジェクトにも挑戦。昨年は2017個のものにさようならを。こうして、ものとのつきあい方を考え、楽しみながら、5人暮らしにフィットする暮らし方を模索しています。

「ここ数年は、小さい家でも何の悩みもありません。家族がくっついて暮らせる時間って、そんなに長くないですよね。息子たちが大きくなってきて引っ越しも考えているので、あと少し、家族が濃密に過ごせる暮らしを大切にしたいと思います」

子どもの勉強机はロースタイルに

必要なときだけデスクになる帳場台で、省スペース

子ども部屋は家族の寝室を兼ねているため、大きな勉強机は置けない……と考えていたところ、見つけたのが大正末期の帳場台。次男にも同じものがほしい、とねだられ夫がDIY。りんご箱を本棚がわりに、ふたり仲良く並んで宿題を。

右が長男・颯恭くんのデスク。扉を開くと工作したチェーンソーやONE PIECEなどアニメのキャラクターグッズが並ぶお気に入りの空間。
左の明るいきつね色の帳場台は、次男・晴丸くんのデスク。ぬいぐるみなどお気に入りのキャラクターグッズが並ぶ様子は、母曰く「キャラクター好きな弟らしさが出ている（笑）」のだとか。

押し入れは
子どもが自由にしてもいい
秘密基地

ジャストサイズのカーペットを敷いて、押し入れの中も部屋に

押し入れの下段はオープンにして、子どもには嬉しいドラえもんスタイルの遊び場に。今は、末っ子の椛ちゃんのおもちゃがほとんどですが、秘密基地のような居心地のよさにきょうだいで場所の取り合いとか。上段には、ふとんを収納。いつでも目隠しできるようにカーテンをつけています。

6畳の和室を、寝室と子ども部屋にしている。角部屋のため、窓が2方向にあり朝が気持ちいいとか。奥に見える薬箪笥は明治時代に使われていたもの。颯恭くんと晴丸くんの洋服タンスとして使用中。

四世代受け継ぐ家族の思い出。ガラクタみたいに見えたって、しっかり使う（笑）

意味があるものは、手放さず受け継ぎたい

不必要なものはどんどん手放す潔さの一方で、「そんなものまで残っているの!?」と驚くもの持ちのよさ。たとえば、潤香さんの幼稚園時代の上履き袋や動物のおむすび型、おもちゃなど。「これ、子どもたちに使える！」と30年の時を越え、親子で活躍しているものがたくさん。

二代にとどまらず、祖父母が愛用していた時計やアクセサリーのほか、天狗マークの入った寿司桶や椀まで。「祖父が寿司店を営んでいたんです。その名残の器は、お正月やひな祭りにちょうどいい」

こうして孫である潤香さんが愛着を持って使っていることに、潤香さんの母も喜んでいるとか。

「思い出の品だからといってむやみに残してはいないんです。気持と機能はきちんとわけて、残すものは残す。残ったものがガラクタみたいでも、受け継いでいくことを大切にしたいんです」

潤香さんが七五三で着たワンピースとポシェットがまだ残っていたため、椛ちゃんの３歳のお祝いで同じコーディネート、同じ構図で写真撮影をしたとか。右が椛ちゃん、左が潤香さん。こんな記念写真、素敵です。

祖母からは
暮らしの知恵を

祖母からは、アクセサリーや手鏡、履物を。ものがない時代から生き抜いてきた祖母からの影響は大きく、「ものだけでなく、暮らしの知恵や料理のことなど知りたいことはたくさん。祖母、母から色々と学び吸収して、いつか娘にも伝えていきたいと思っています」

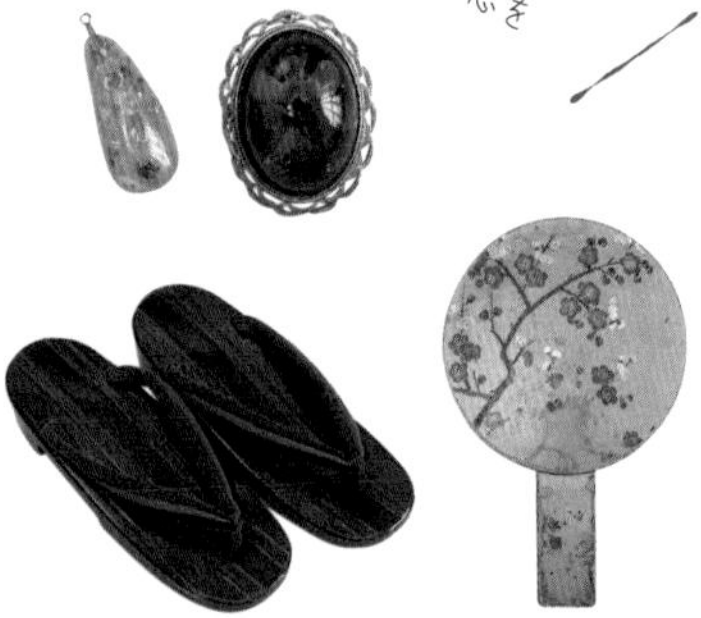

寿司職人だった
祖父の形見

「祖父が地元の会合に出席するために、このネクタイをしめていた姿をよく覚えている」というネクタイ。颯恭くんの小学校の卒業式には、これをしめる予定。飯ごうは、祖父が満州に出兵していたときに使っていたもの。今はキッチンで、だし入れに。

毎年、凝っている山津家の年賀状。コンセプトから撮影、デザインまでグラフィックデザイナーである夫が担当し、家族の歴史がわかる、もはや作品！

PART 2

環境を重視して小さく暮らす

このパートで登場するのは
あまり意図していなかったのに、ご縁が巡って
気がついたらここに住んでいた……、という3つの家族です。

新婚ほやほや当時、新築ぴかぴかデザイナーズマンションに住もうと、
契約までいった内藤さん。親戚からの頼みで、築53年の団地に。
間庭さんは、都内でも緑と寺社仏閣、庭園が多い北区在住。
最初は中古マンションを探していたのに、
とある条件の小さな土地を見つけたことで、家を建てることになりました。
東京からUターンで京都へ帰った大橋さん。
相当年季の入った祖母の家を、おそるおそる受け継ぎました。

暮らし始めて、皆さん、口をそろえていうのが「環境がいい」ということ。
あれ、でも、環境がいいってどういうことでしょう。
自然が多い？　子育てがしやすい？　通勤に便利？
どうやら、そんなことでははかれない3家庭それぞれの
「楽しい」ことがまわりを取り巻いていたようです。

case 5

■建設業の正樹さん（40歳）、WEBデザイナーの美保さん（32歳）、息吹ちゃん（3歳）の3人家族。団地のDIYをつづったブログ「築50年の団地再生ライフ」が人気。

■内藤正樹さん・美保さん

DIYと豊かな緑。築53年の団地だからできる暮らし方

50㎡

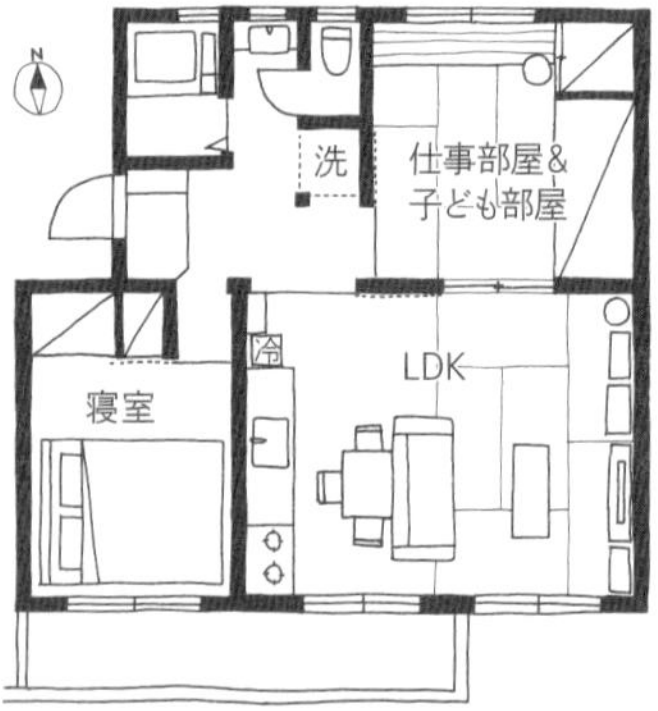

住み替えをやめて、車を買いました

「娘が２歳くらいになってから、キャンプが趣味になった」。冬でもかまわず、しっかりと防寒をし、灯油ストーブも積んでトヨタのランドクルーザーを駆って自然のなかへ出かける。DIYは夫婦の趣味だけど、キャンプなら家族全員楽しめる。「１年前、家を買おうかと考えたときがあったんですが、趣味を充実させようと車を買いました」

■引っ越しヒストリー
結婚を機に現在の住まいへ。賃貸団地／築53年／50㎡／2LDK／東京都国立市／2013年から入居

新築デザイナーズマンションから、自ら作る暮らしへ

内藤夫妻が5年前、結婚を機に選んだのが、築53年の団地。実は、別のデザイナーズマンションに入居を決めていたけれど、正樹さんの親戚から「持っている部屋に住んでくれないか？」と相談を受け、急きょ見に行ったとか。細かく仕切られ、なんだか薄暗い。団地育ちだった美保さんは「また団地に住むの？　いやだなー」と思った一方で、自由に改築していいか交渉したところ、すんなり承諾。「これはありかも？」と揺れる夫婦の心。

もともと建築系とデザイン系と、ものづくりが好きなふたり。60年代のカルチャーが好きな正樹さんにとって、1965年に建てられた緑豊かなこの団地のいいところばかりが目に入り、新居をセルフリノベしてやろう！　と、一念発起。

大がかりなDIYは初めてだったものの、テーマを「ヴィンテージ」として、壁を塗り替え、床を張り、仕切りを取り外し3LDKから2LDKに変えるなど、わずか約3カ月で納得のいくかたちにまで完成させました。しかも、プロに頼んだ電気、水道などをのぞくとかかった費用は50万円未満！　途中で美保さんの妊娠が発覚し、つわりで「後半は声だけでしか参加できなかった（笑）」けれど、ああだこうだとこれからともに生きる空間

を一緒に作れた時間はとても楽しかった、とふたり。
娘の息吹ちゃんが生まれた今もそのＤＩＹ精神は変わらず、少しずつアップデートしていく内藤家なのでした。

作る？ もらいものを
修理する？ 自由な家具のかたち

ふた間に分かれていたキッチンとリビングは仕切りを取り払い、10畳のLDKに。

2

1／ダイニングテーブルはちょうどいいサイズのものがなかったため、DIYで自作。
2／リビングにある年代物のオーディオは、「ナショナル・テクニクス」のセパレートステレオ。正樹さんの叔父が若かりし頃に買ったものを処分する、というから受け継いだ。「修理できないといわれたけど、あちこち触っていたら鳴るようになったんです（笑）。レコードもかけられますよ」

1

2

3

小さな工夫がつまったキッチン

築53年といってもキッチンはまだまだ使え、昔ながらのこぢんまりしたサイズがかわいかったのでそのまま残すことに。白く塗装し、タイルを貼ることで明るく生まれ変わらせた。


1／ポップな半円の取っ手は「IKEA」。ドライバーとビスで簡単に留められるから、ふと思いついたときにできるDIYの入門アイテム。

2／安全を考えIHプレートに。プレートを置くための台を作り、下にフライパンをイン！　その裏にはフライパンのふたやまな板を置く、というささやかながら使い勝手がいい工夫を。

3／妊娠中、大変な思いをして貼ったというタイル。細かい作業が得意な美保さんらしい、DIYとは思えない美しい仕上がり。

4／「シンク下に収納しているものをスムーズに取り出したい」（美保さん）と考え、「IKEA」をパトロールしていたら見つけたというゴミ箱用のスライドレールを採用。容器ごと引き出せて便利！

5／家電、ストックを置くための棚に、L字の棚受けキットを利用。ゴミ箱のふたはわざと外し、ぎりぎりの高さに棚をつけて中が見えないように。

押し入れは仕事の場に！？

家中の壁を塗るためにふすまを外したところ、「広く見えるし、あけていてもいいんじゃない？」とオープン収納に。右側には家族３人分の衣類とレコード、絵本を。左は在宅でWEBデザインの仕事をしている美保さんの仕事机に。２台あるMacBookは立てて、文房具類は吊ることで卓上は常にすっきり。

「オープンにしていることで、持っているものが把握できる。思い入れがなく、使っていないものは、すぐに捨ててものがあふれないようにしています」（正樹さん）

平日８時から
１７時まで
在宅で働いています

寝室の収納の扉も外してオープンに

８畳の洋室にダブルベッドを置き、家族３人で寝ている。行灯のような巨大な和紙のランプと、現代アートのような壁付けライトがユニーク。寝室の収納は１間分あり、右半分にはちょうどいい位置に棚を造作して、キャンプで使うイス、テント、タープ、クーラーボックス、寝袋、小物類を、左半分は正樹さんの通勤用のシャツとスーツを収納。置ききれない道具は、ストッカーに入れてベランダへ。

ディアウォールとバー＆フックで収納をカバー

玄関の靴箱がわりの棚は、★の部分に「ディアウォール」を利用。工具不要の突っ張り式の柱で、これなら壁、天井を傷つけずに、また、砂壁のようなネジの効きの悪い場所でも棚が自在に付けられる。扉を青、壁を黄色に塗装して、入った瞬間から明るい空気に。

色と暮らす楽しさを

家中の壁を塗り始めると、「白だけでは、つまらない」と思うようになり、様々な色を取り入れたとか。まず、最初に色をつけたのがトイレ。鮮やかな若草色にして、はらぺこあおむしの絵をアクセントとして飾っている。玄関を黄色にし、北側の部屋は一部だけオレンジに。洗面所は明るいイエローオレンジにして、気分があがる雰囲気に。「色がある暮らしは楽しい」と、1960〜80年代のポップなテイストが好きな内藤夫妻らしい色使い。

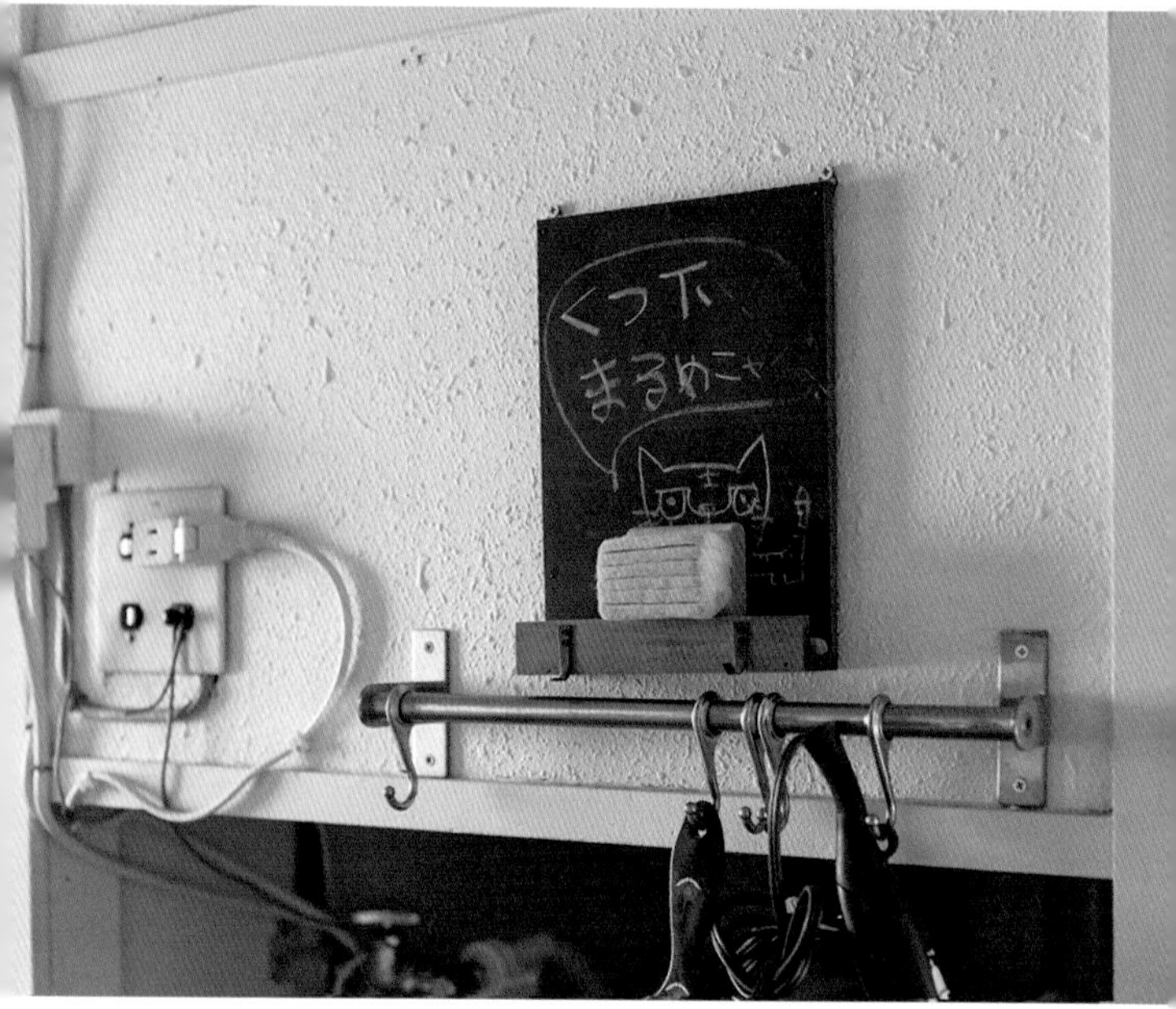

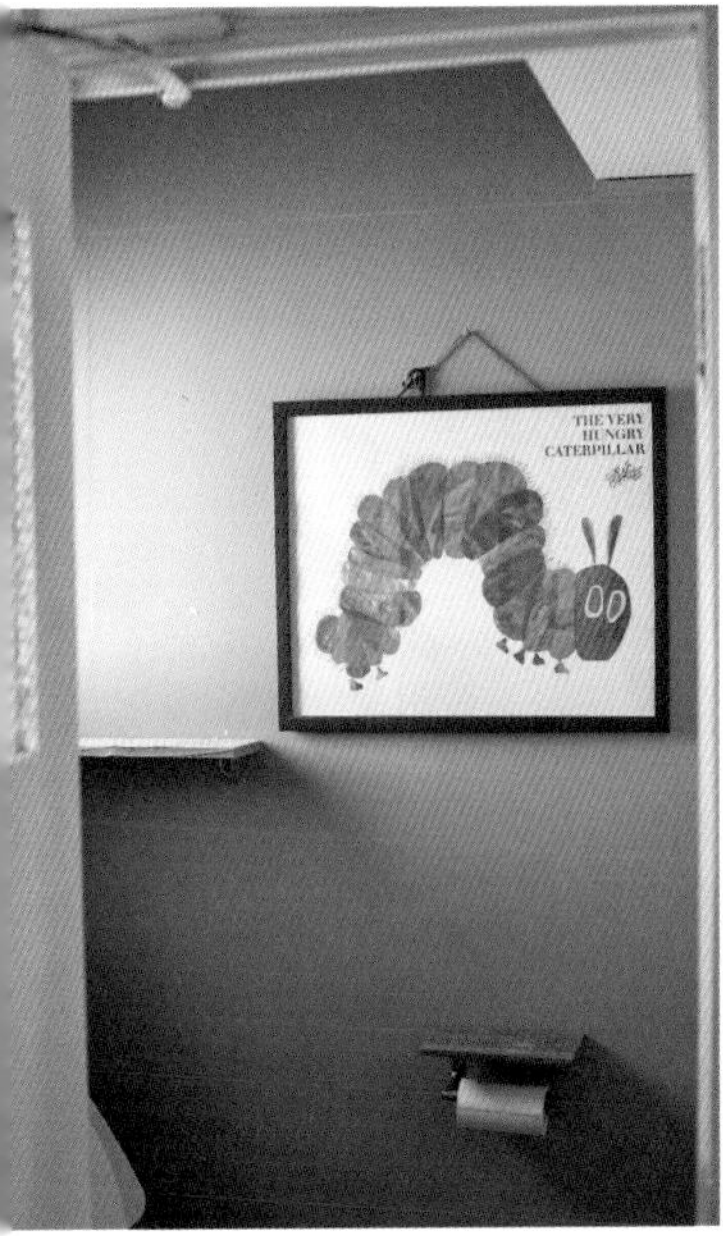
THE VERY
HUNGRY
CATERPILLAR

レコード、楽器、ヴィンテージランタン…好きなものは壁面に

好きなものをふるいにかけると、「大好き」だけが残る

音楽好きな夫に、ファッション好きな妻。趣味を大切にするふたりは、引っ越しを機にレコード、ギター、洋服……、相当な量のものを手放したとか。

「僕らは必要でないものは持たないようにしているけれど、ミニマリストではないから、思い入れのあるものは、使ってなかったとしても部屋の目に入る場所に置くようにしています。大切なもの以外を手放すようにすると、自分が大切にしているものって実はそんなに多くないことに気づいたんです」

だからこそ、残したものにさらなる愛着が生まれて、家がまた心地よくなるのでしょう。

キッチンの壁には、雑貨が。どうしても必要なものではないけれど、こういったふっと眺めたときに気持ちがゆるむなにかが家にはあってほしい。

1

3

2

5

4

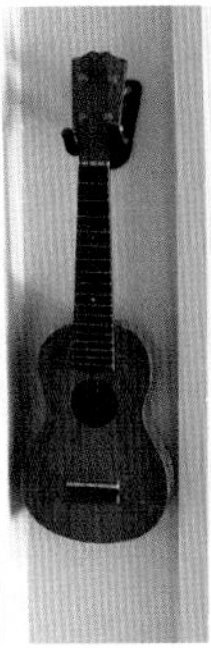

ひとめで内藤夫妻のハッピーな人柄と趣味の方向性が見て取れる壁のディスプレイ。

1／20代の頃、正樹さんが必死で買ったギター、グレッチ「カントリージェントルマン」。ジョージ・ハリスンが使っていたモデルで、今も現役で弾いている。

2／銭湯風の扇風機はネットで。

3／「コールマン」のヴィンテージランタン。

4／若い頃に買った「カマカ」のウクレレ。こちらも現役。

5／「イエロー・サブマリン」のレコードジャケットからも伝わるように、ザ・ビートルズは正樹さんにとって神。

趣味はキャンプ。家でも使える道具を選んで車を倉庫代わりに

キャンプ道具もDIYするから、楽しい

子どものためを思って1年前から始めたキャンプ。今では親のほうが「冬でも週末が待ち遠しい」ほど、どっぷりとはまってしまいました。

はまった理由は、「不自由」だから。快適に眠れるようテントを張ったり、火を起こしたり、水を確保したり。キャンプで不自由なことを、どう工夫してクリアしていくかが楽しい。

だからファミリー向けに展開されたキャンプ道具など便利なものは選ばず、福生《ふっさ》市にある米軍払い下げの雑貨店やヴィンテージショップ「ガジェットモード」(立川)などで見つけたガスコンロや魔法瓶を「これは、外でも使える!」と愛用。6メートルを超える長さの日よけタープは美保さんがミシンで縫った大作、というから、なんて自由な発想とあふれるDIY精神!

「自分たちで場所や道具を作るからこそ、わくわくするし、意味があるんですよね。自己満足だとしても愛着も生まれます」

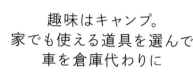

case 5 賃貸団地／築53年／50㎡／2LDK

テントやポール、イスなどかさばるものは、車のラゲージスペースに。建築現場で「床束」として使われる鋼製束と「IKEA」の棚板を組み合わせて、デッドスペースがない効率いい収納をDIY。

家ではシチューや
煮込みに

キャンプ料理道具の王道、ダッチオーブン。実は、焼き物、煮物、揚げ物、汁物、炊飯などひとつでこなす万能鍋。家で使うことも多く、煮込みがおいしくできる。

折りたたみチェアもキットを利用して脚を組み、好みの布を張ったもの。ふだんは、チェアの上に板を渡し簡易棚として、リビングの窓辺に置いている。

「ニトリ」のガーデンチェアの布を張り替え、キャンプ用のチェアに。60年代を感じさせるポップなカラーリングが好きで、ほかのキャンプアイテムとテイストをそろえて選んだ。

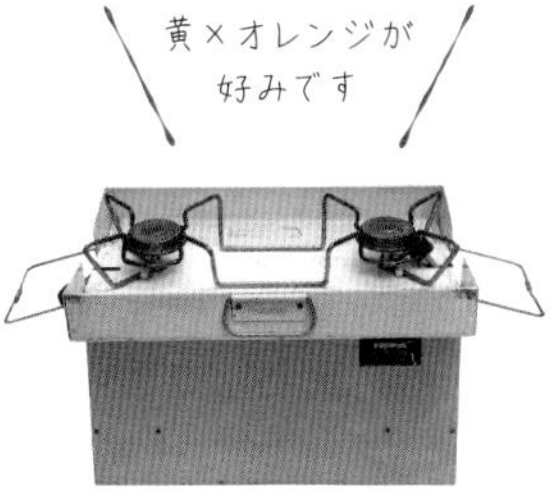

最近の「ガジェットモード」での掘り出し物は、プリムス2222／2バーナーというスウェーデン製のガスコンロ。市販のガス缶が使用可能。

海外のオークションで見つけた魔法瓶。「ニコイチになっているので、冷水と熱湯の両方が使える。キャンプで焼酎を呑むときにいいんですよ」

運搬にかかせない「ラジオフライヤー」。浅くて荷物が入らないので、ネットオークションで発見したカスタマイズ用キットで木枠を作った。

case 6

■会社員の一宏さん（44歳）、家事代行会社に勤務する恵理子さん（44歳）、果夏ちゃん（11歳）、恭二くん（8歳）の4人家族。

■間庭《まにわ》一宏さん・恵理子さん

窓の外はお寺の森。環境を重視したら小さい家になりました

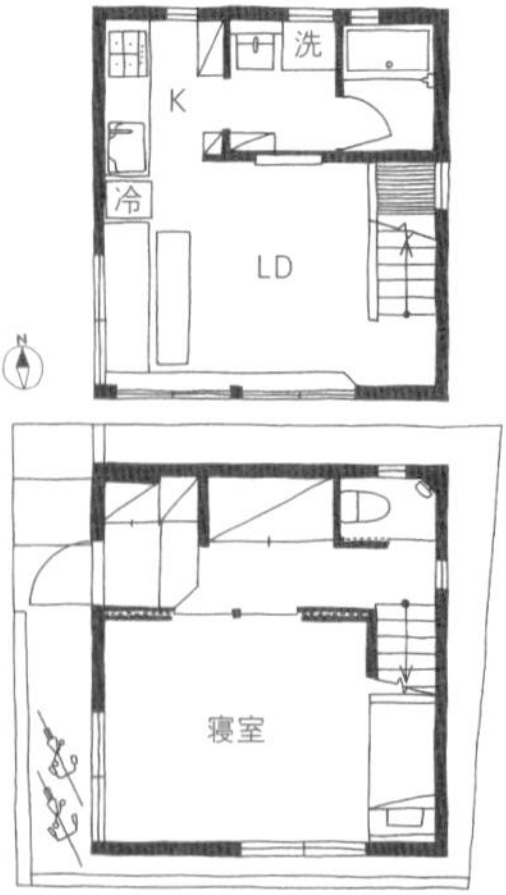

54.82㎡

大きな窓がこの家のシンボル

この土地に決めた一番の理由が、窓の外に見える森。寺の敷地のためこの先も宅地開発される可能性が低く、桜、椿と四季折々の美しい花が愛でられる、ありがたい借景。森に面して２方向に窓を造る設計で、特に朝日が昇る時間の眺めはすばらしいのひとこと。春の鳥のさえずり、夏のせみの鳴き声、大晦日の除夜の鐘……と、自然のエネルギーと日本の情緒を感じるリビングになった。

■引っ越しヒストリー
①賃貸アパート／29.1㎡／2K／約10ヶ月住む。→②賃貸マンション／42.8㎡／2DK／約6年住む。
→〈現在の家〉戸建て／新築／54.82㎡（1階22.06㎡ 2階面積22.06㎡ ロフト10.7㎡）／東京都北区／2011年から入居

建築家と造った
小さいけれど完璧なかたち

家の購入を検討していたとき、70～80㎡ほどのマンションを考えていたという間庭さん。新築、中古マンションから建て売り住宅まで、時間をかけ探しましたが、しっくりくる住まいには、なかなか出合えなかったといいます。

そんなとき、偶然見つけた11坪の土地。寺に隣接していて、周囲は森。細い道路に面しているため車は通らず、住宅密集地なのにここだけはとても静か。美しい自然を目の前に「探していたのはこういう暮らしだった！」と土地の購入を決めます。

設計は、〝小さな家〟を得意とする建築家の志田茂さんに依頼。建築面積は9坪しかなく、子どもは姉弟という構成なので、将来のことを考えるとプランニングも悩ましい……。そこで、大人の個室と収納、広いリビングにこだわるのをやめ、1階には押し入れとトイレ、将来的に2部屋に仕切る予定の8畳の洋室、2階はLDKと浴室、ロフトという、2部屋しかない潔い間取りに。また、1階の天井を少し低くして、階段に必要なスペースを削る、というプロの建築家ならではの技も。ダイニングテーブル代わりにカウンターを、窓辺に棚にもなるベンチを造作したのも志田さんの提案。小さなリビングダイニングでも、くつろげる工夫がされています。

今はこのカウンターが、姉弟の勉強机。カウンター下には本棚、引き出しもあって、常にここにおさまるように自分たちのものを管理している、というからたいしたもの。

収納は、玄関と廊下にある1間分の押し入れしかない間庭邸。リビングの壁全面を収納にする案もありましたが、「そんなにものがないから」と家族の写真を飾れる程度の棚に。

「ものや家具がなくても全く問題なし。十分生活はできるし、家の中がいつも清々しい。そのことに気がつけたのは、小さな家のよさだと思います」

生活感ゼロの、シンプルキッチン

家族がわいわいと集まるリビングのカウンターテーブルから、冷蔵庫をはさんだ反対にあるのがキッチン。ステンレス製のコンパクトなデザインで、収納はない。「システムキッチンも考えたけれど、収納も機能も最低限でいい」と「シゲル工業」で製作してもらった。使い勝手に文句はないけれど、浴室への動線になっているため、よく人とぶつかるのが玉にきず。

今は家族の寝室　将来は子ども部屋に

1階の個室は8.3畳の1室のみ。2段ベッドとふとんで家族4人の寝室にしているが、ゆくゆくは中央に仕切りを造り子ども部屋にして、夫婦の寝室はロフトに移す予定。この部屋に収納はいっさいなし。階段下を収納にすることもできたが、必要ないと今は2段ベッドを置いている。引き戸は床から天井までのフルサイズに。開け放すと廊下と一体感が生まれ、空間が広く感じる。

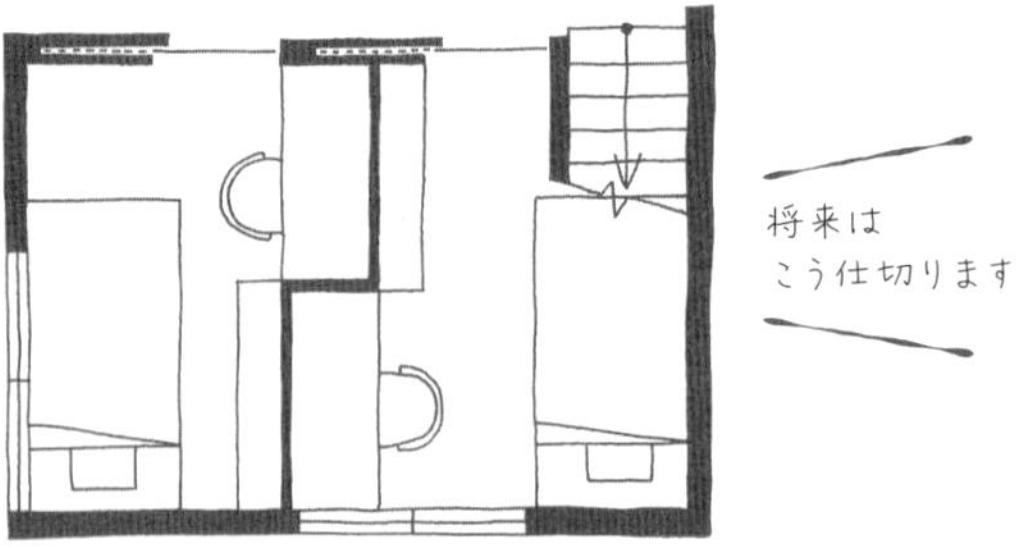

帰宅したら

１階廊下の押し入れに家族４人分の衣類、アルバム、仕事の資料が入っている。手前は脱いだコートと鞄を置くためにあえてあけているとか。それにしても、驚きのものの少なさ。

キャスターで
そうじが楽に

そうじのことを考慮してキャスター付きの収納ボックスに。季節外れの衣類やお雛さまなどはここに。

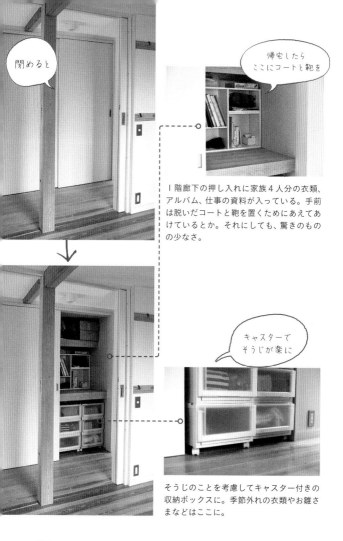

驚愕のすっきり！玄関の収納

玄関収納は、靴箱、ハンガーを掛けられるバーを合わせて約１mほどの幅。５段ある靴箱の中はとてもすっきり。というのも、靴はひとりあたり２足までと決めていて、恵理子さんだけ３足。「子どもの靴はすぐにサイズが合わなくなるので最低限にしています。私は黒のスニーカー、スリッポン、雨用のショートブーツだけ。冠婚葬祭など、なにかあった場合は近所に住む母に借りることにしています」

ハンガー下にちらりと見えているのは、父子が空手の練習で使うミット。

車は持たないから駐車場はナシ

東京都北区で見つけた緑豊かなこの土地は、37.48㎡。計画道路、道路セットバック、埋蔵文化財調査、地盤補強と条件がたくさんあることで、建築面積は22.06㎡ととても小さくなってしまった。設計を手がけた志田茂建築設計事務所が提案している「小さな家LWH」のプランも入らず、狭小住宅が多い都内でも小さめの条件となった。外から見ると、四角い箱に三角屋根がのったかわいらしいかたち。

キッチンは冷蔵庫もテーブルも小さくまとめる

こまめな買い物でストックはもたない

「このキッチンでよく4人分の食事を作れるなあ」と、思わず感心してしまうほどのコンパクトなキッチン。狭いから、ではなく、ものがないから。シンク下や吊り戸収納は一切なく、あるのは後ろの壁に造作したオープン棚だけ。棚の中も、食器、調理道具、調味料が驚くほど少ししかありません。

忙しく働く恵理子さんですが、食材ストックも持つのが苦手で、毎日仕事帰りに買い物に行くようにしているとか。必要なものだけ買って、新鮮なうちに食べ切る。だから、冷蔵庫も小さくて問題なし。調理道具は、「ル・クルーゼ」の鍋を愛用していたけれど、重さに耐えきれず、重ねられて場所を取らない「ティファール」に買い替えました。

ものが少なくてもすべてをフルに使い切るその様子は、機能的なコックピットのようでした。

冷蔵庫も
小さく

壁の収納
なし

ダイニングテーブルは
カウンター式に

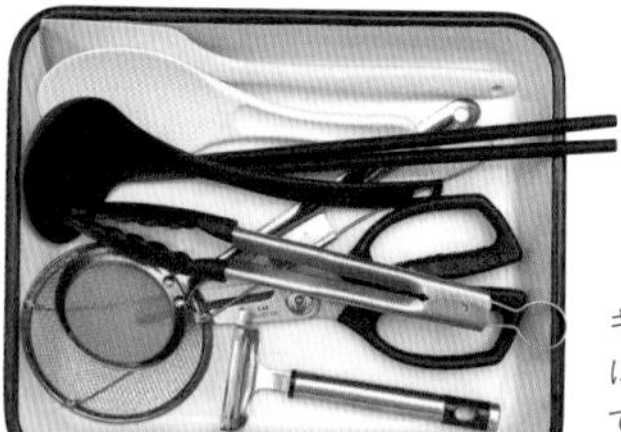

キッチンカウンターの上にものを置きたくないので、調理道具はバットに入れて背面の棚に。

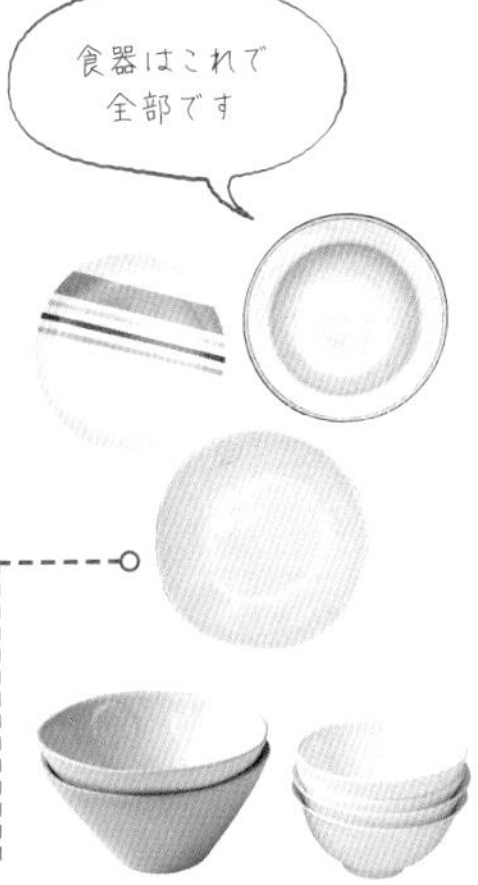

間庭家の全食器がこちら。和洋中、フレキシブルに使えるように、すべて白で統一。お味噌汁はスープ碗、ごはんはお茶碗にも深皿にも使えるもので。食器洗浄機を使うので、材質はすべて磁器。

鍋は「ティファール」のフライパン2個と鍋がひとつ、ざるもふたつ、ボウルも大中小とみっつと厳選。災害時の備蓄は、歩いて10分の場所にある実家と協力することにしている。

かさばるバスタオルよ さようなら

フェイスタオルは色を そろえて10枚だけに

浴室の棚を見て、また驚きました。こちらも、すっきり！　ものを減らすためにバスタオルはやめてフェイスタオルを10枚だけ。

「バスタオルは洗うのも干すのも大変。小さいタオルがあればこと足ります」(恵理子さん)

棚の下2段には恵理子さんが家事代行の仕事で使うタオルやスポンジを。中央2段には風呂上がりの着替えの下着を。

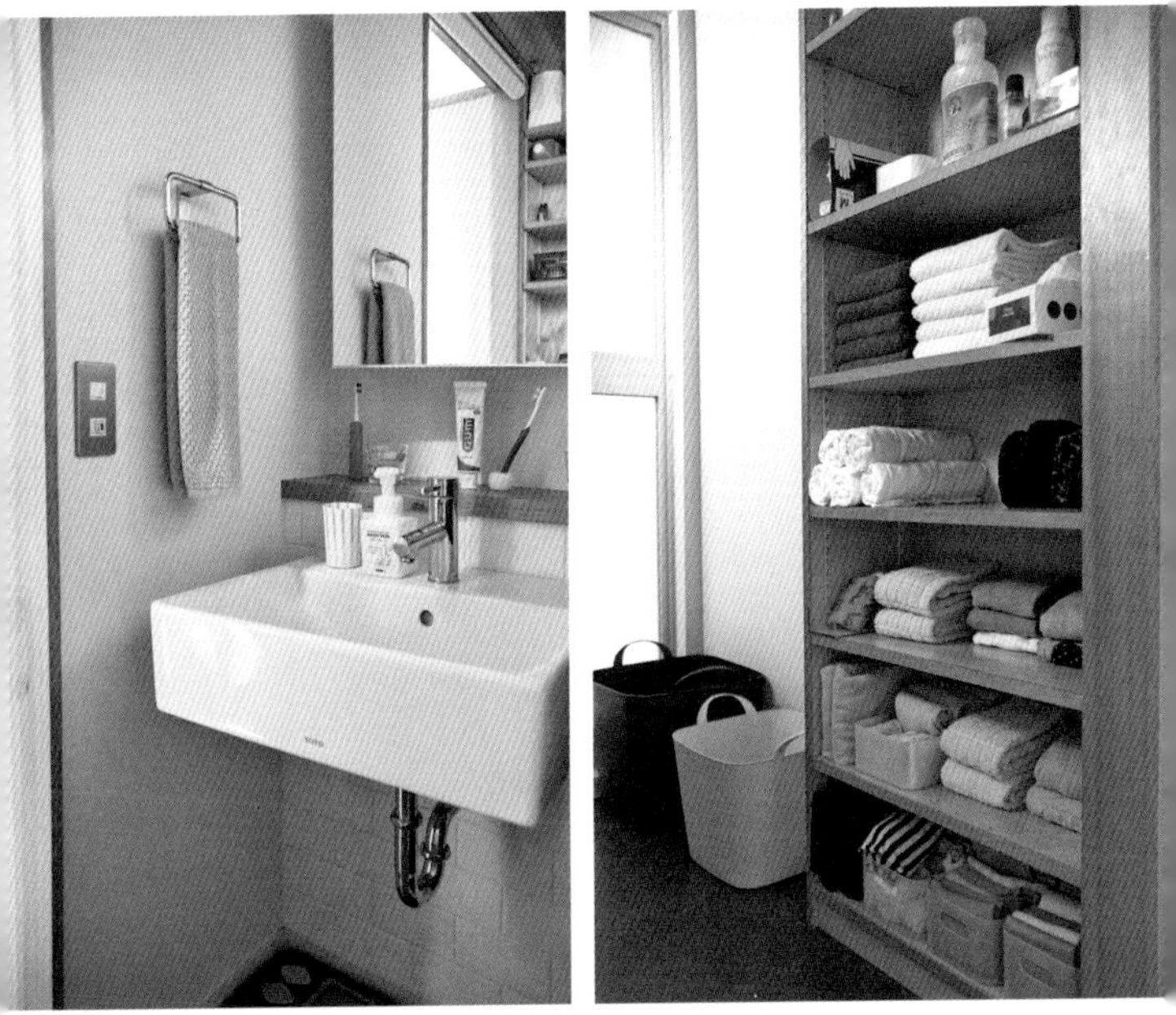

キッチンの後ろにある洗面所と浴室。ドアはつけず、ロールスクリーンで代用。

本はKindleで購入

データなら通勤中でもいつでも読める

一宏さんはかなりの読書家で古本も好き。引っ越しにあたり、蔵書のほとんどをＫｉｎｄｌｅで買い直したそう。Ｋｉｎｄｌｅの本棚を見せてもらうと、経済書や哲学書が約１００冊。

本好きとしては、紙の本というかたちで持っておきたくないですか？　と聞くと、「読めればいい」と合理的なお返事。ロフトに並んでいた紙の本は三島由紀夫作品など電子書籍版での入手が難しいもの。

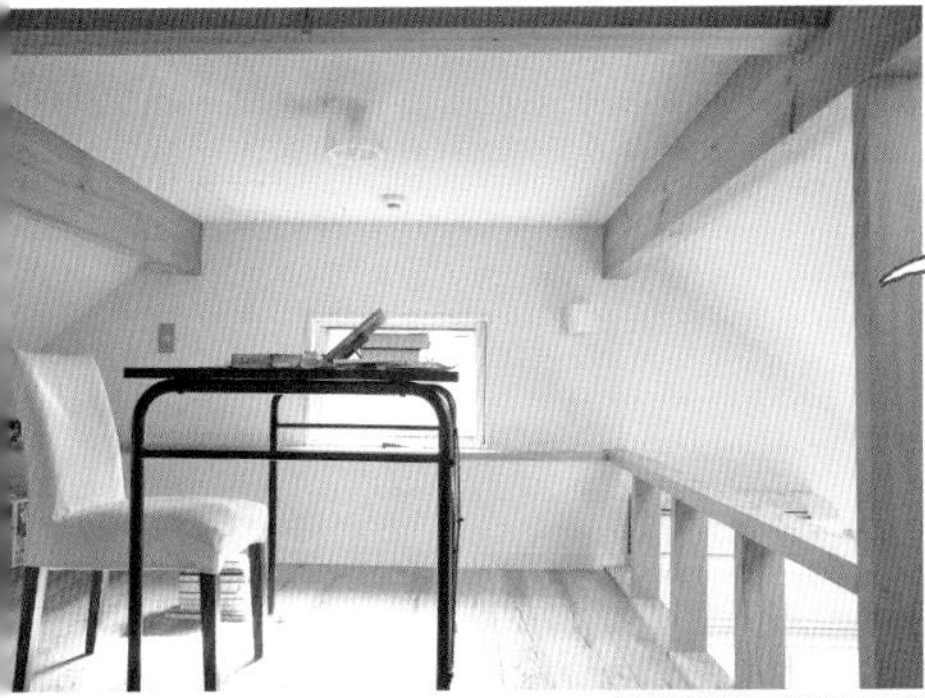

ロフトは
一宏さんの書斎

4時に起きて6時までは自分の時間、とここで読書をするのが日課。ロフトの天井が低いので、テーブルとイスも低めのものにしたとか。

三島由紀夫だけは
本として残す

case 7

■会社員の力さん（41歳）と編集者・ライターの知沙さん（39歳）。東京の広告代理店にともに勤務後、力さんの地元である京都にUターン。徳くん（6歳）と京都市北区で暮らす。

■大橋力さん・知沙さん

祖母の家を受け継いで“不親切”にフルリノベーション

70.19㎡

■引っ越しヒストリー
①賃貸アパート／27㎡／1K／東京都→②賃貸マンション／34㎡／1LDK／京都府
→〈現在の家〉戸建て／リノベーション／70.19㎡（1階41.53㎡ 2階面積28.66㎡）／京都府京都市北区／2013年から入居

ワンルームのLDK

築80年の日本家屋をリノベーションした大橋宅。2階は、キッチン、ダイニング、リビングがひと続きになっている。立派な梁はむき出しに。リビングの窓の建具は古いものをそのまま残して、新しいけれど懐かしさを残す、絶妙なセンスの家に。無骨な雰囲気にしたい、と階段の手すりはあえて細いアイアンだけに。子どもがまだ小さいので転落防止にネットを張っている。

キッチンは、フレームだけをアイアンと木で造ってもらい、引き出しは夫の DIY によるもの。「最低限の設備だけ入れてもらいました。20万円もかかっていないと思います」

古い窓の建具が美しく、覆ってしまうのがもったいない、とカーテン代わりにポジャギをかけている。透ける様子もきれいで、家がいとおしくなる。ソファは、地元・徳島の「宮崎椅子製作所」のペーパーナイフソファ。新居に合わせて購入。

がんばって買った家具は、勲章みたいなもの

ナラの無垢材フローリングに、白いペンキ塗装の壁。天井は古い梁がむき出しになった、自然を感じさせる内装。そこに、昔から憧れていたという大阪の家具店「TRUCK」のキャビネットやダイニングテーブル、イルマリ・タピオヴァーラのデザインのファネットチェアやイギリスのアーコールチェア。そして、日本の古道具の戸棚やペーパーナイフソファ。２階の家具を見ただけで、時間をかけてひとつずつ手に入れてきたものだということがわかる。「安易に買ったソファで失敗したこともあって、長く使えるものを選ぶようにしています」（知沙さん）

リビングのキャビネットは、いつか買うと決めていた「TRUCK」のもの。
木肌を生かした無骨な造りや、レトロな波ガラスの表情が気に入っている。

外装や建具は既存のものを残し
新しさと日本の古きよき意匠の調和を

京

都生まれの力さんと徳島生まれの知沙さん。東京に進学し、就職した会社の同僚だったふたりは、それぞれの転職を経て婚約。東京で別々のマンションで暮らし、入籍を機に力さんの地元・京都にUターンをしてきました。

都内での引っ越しと、東京から京都へ、そして京都市内での引っ越し。その都度、ものを減らしたといいます。京都へ戻ってきてしばらくした頃、力さんの祖母の家を受け継がないか、という相談を受けました。それは、築80年の日本家屋。細かい部屋に分かれていて、どんより暗い。受け継ぐことをちゅうちょする状態だったと振り返ります。しかし、リノベーション前提に考えれば、古きよき日本のたたずまいを残す瓦屋根に木の建具。古いもの、味のあるものが好きな知沙さんとしては素敵になるかも、という予感もあったそう。さっそく、設計事務所「エキスポ」に依頼して、古い日本家屋の持つよさを生かしながら快適な住まいになるようプランニングしてもらいました。

外塀は取り壊し、駐車場を確保。玄関までは門がないアプローチにし、オープンな雰囲気に。1階は仕事部屋と寝室。2階はLDKのみ。広々と見えるようできるだけ仕切りは少なく。

その甲斐あって以前とはまったく違う、明るい家に生まれ変わりました。力さんのお父さんも生家のその変わりように、驚きながらも喜んだとか。

「いろんなことを省いた家なので、キッチンは最小限だし、階段は危ない。子どもが生まれた今では、不親切な家かも（笑）。それでもこれくらいが、僕たちには心地いい。完璧じゃないほうが楽しいですよね」（力さん）

徳ちゃんランド、増設中！？

ソファ脇は、2畳ほどのカーペットを敷いて子どものスペースに。「徳ちゃんランド」と呼んで、おもちゃや絵本はここに集約。だんだん広がってきている気がしてならないとか。
最近、両親がプレゼントしてくれたティピの中にこもるのがお気に入り。

おもちゃ類は、かごに片付けた後、届かない
位置に吊り下げて散らかり防止。

キッチンは
シンプルミニマムに

キッチンの使いやすさはみんな同じではないから

鉄のフレームに木の天板。シンクとガスコンロだけをはめ込んだシンプルすぎるキッチンには、吊り収納やシンク下収納もなし。こんなに収納スペースがなくて大丈夫なんでしょうか？

「器や道具は好きですが、使いこなせない量は持ちたくない。自分の調理スタイルに合ったものだけを置いています。」(知沙さん)

シンプルなキッチンは使いやすい工夫を。コンロ下の引き出しは、フローリングの端材を使って力さんがDIY。使わないときは食器の水切りラックをしまって作業スペースを確保したい、とまずラックの置き場を決め、残った寸法を3等分して引き出しの幅を決めたといいます。自分にあったかたちに調整できる。これが余白のあるキッチンの魅力のようです。

キッチン下がオープンなため風通しもよく掃除機もかけやすく、衛生的。

キッチンの左側には、電子レンジがおさまる幅で棚を造ってもらった。一番下のかごには、ハンドミキサーやサラダスピナーなど使用頻度の低いものを。

3つおそろいの自作引き出しの中身は、左から順に調味料、乾物、ラップ類やバットなどを。ストックはあまり持たない主義。

油やしょうゆ、酒などボトル系の調味料、パスタは古道具店で見つけた木箱に。小麦粉などの粉類は、かごに入れて布でカバーリング。

雑誌で見かけて以来、いつか手に入れたかった若松由香さんのノッティングによるイス敷き。岐阜のショップ「STEN PORT」での個展に出かけ、オーダーした思い入れのあるもの。

食器はココに！

作家ものや古い器が好きで、個展や古道具店にはひんぱんに足を運ぶ。出番が減ってきた器は、花器やディスプレイに使うなどして増えすぎないよう心がけている。

寝室もミニマムに

好きなものの収納には
クローゼットをフル活用

寝室の右手に見えるクローゼットが、この家の唯一のまとまった収納。ここに家族1年分の洋服がおさまっています。

スーツで出勤する力さんは、知沙さんより衣装持ち。また、スポーツ好きで社会人のサッカーチームにも参加しているほどだから、そのための道具やウェアもここに。

一方、洋服好きの知沙さんだがワードローブの見直しは欠かしません。着なくなった服は手放し、お気に入りが並ぶ状態をキープしています。

ものはたくさんはいらないけれど、趣味のものは別、という考えのふたり。体育会系の力さんと文化系の知沙さん。趣味の方向性は違えど、それぞれに、ものとのつきあい方を楽しんでいるようです。

中庭が見えるように
設計しました

ベッド以外になにもない寝室。中庭に面した廊下はあえて残して、旅館のような風情に。

本や雑貨
好きなものは手放さない

応接間を兼ねた仕事部屋

寝室のとなり、逆Lの字のかたちをした洋室が知沙さんの仕事部屋。将来は徳くんの部屋になる予定。大きな本棚がある家が理想で、床から天井までフルサイズで造作してもらいました。大好きで何度もめくった雑誌、創刊を担当した雑誌。デジタル化された今でも、本として残したいものは、大切に保存を。

仕事デスクは、古いオフィス用机。デスク前には大好きな猫モチーフの作品やDMを貼って楽しく。

装丁が美しい本や古本も大好き。写真家・浅井慎平の絵本『九月の珊瑚礁』の前には、植物のオブジェ、古い活版印刷の活字などを飾っている。

玄関の靴箱のうえのディスプレイ。「家のかたちが好きで、これは五月女寛さんの作品です」。拾った貝や珊瑚、石と一緒に。

ものをできるだけ増やさない努力をしている知沙さんだが、本は別。編集業に携わる者として、いい本を買い、読むことが、自身の仕事のモチベーションを保つことにもつながる。

あえて玄関と廊下、階段はコンパクトに

狭いからこそおもしろい！細長いアプローチ

かなり通りづらいであろう幅の狭い玄関までのアプローチ。けれど、この狭さに迷路というか裏道感があってわくわくさせられます。

そして、おそらく恰幅のいい人なら、つかえるような玄関の引き戸。「敷地は限られているから、生活空間以外は最小限に」と、潔くぎゅぎゅっと小さくまとめました。

光を取り入れられるよう、玄関はガラス戸に。廊下だけが見えるので、プライバシーは保たれます。デメリットを逆手に取ったおもしろいデザインです。

この透明のドアが玄関。人ひとり通るのが精一杯の狭さ！「部屋を広くしたいから、結果こうなりました（笑）」。大きなものを入れたいときは、右手の書斎の窓から。

２階からの光が階段を通じて１階廊下にも届くため、家中が明るい。ただし、仕切りがないのと、古い建具を使っているため冬の寒さは相当なもの。

玄関を入るとすぐに廊下と階段が。採光と風通しをよくするため、階段は踏み込み板がないデザインに。階段下は大きなスーツケースの置き場所に。

小さな家には小さな車

駐車場の小ささに合わせたローバーミニ

「駐車場が狭すぎて、現行の車が停められない」と、車は選択の余地がなく古いローバーミニに。

渋い日本家屋に、ちょこんとイギリスの名車。このアンバランスさがかわいらしい。

背の高い夫が運転するには車高が低いのと、息子がやんちゃ盛りで一緒に乗るのが大変なため、そろそろ買い替えを予定。「次も、小さな車。道の狭い京都は小さいくらいがちょうどいい」（力さん）

“のりまきせんべい号”と呼んでいるローバーミニ。中古で買って４年。次は、古いジムニーを買うことにしたとか。

みんなの小さく暮らす工夫

◎宅配&保管クリーニングを利用する

「クローゼットが1.5畳という我が家では、クリーニングは宅配&保管サービスを利用します。発送用のバッグにつめて送るだけなので、大量の衣類をクリーニング店に持ち込む手間もなく、そのまま次のシーズンまで預かってもらえるのでクローゼットもすっきり」(Akiさん)

◎バスタオルをやめる

「洗面所でかさばるバスタオルをやめて、フェイスタオルに。乾燥機付き洗濯機を使っていますが、バスタオルがあると乾くのも遅いので、一石二鳥です」(間庭恵理子さん)

◎ワードローブを見直す
◎靴も見直す

「結婚前は400着以上あった洋服を、16着まで減らしました。やみくもに数を減らすことに意味があるのではなく、それが自分にとって必要かどうかが大切。洋服の整理をするとき、好きで着心地のいい服だけ残しますよね。でも、それも着て行く機会がなければ、タンスの肥やし。私が残した服のほとんどは、自分の定番服でヘビーローテーションしているもの。洋服のバリエーションを求めず、自分らしいと思える服を消耗するまで着て、次のシーズンには買い直します。結果、収納場所を取らない、クリーニング代が安くなるというメリットも」（尾崎友吏子さん）

「靴は5足を履き回しています。ニューバランスのスニーカーのメッシュタイプ（黒）、スウェードタイプを2足（黒）、レペットのバレエシューズ（黒）、ショート丈のレインブーツ（ネイビー）です。毎日ワンピースで過ごしているのですが、バッグやトップスにさし色を使うことが多いので、靴は定番カラーを」（ayakoさん）

「靴は4足。レインブーツは持っていません。雨の日に出歩くライフスタイルではなく、駅から家までも近いので革靴で出かけます」（尾崎友吏子さん）

◎代用がきく調理道具は持たない

「パンをよく食べますが、トースターは持っていません。備えつけの魚焼きグリルで代用しています。火力が強いので焦げやすいのが難点ですが、いったん火加減を覚えてしまえば、トースターと遜色なく、むしろそれ以上にふっくら&こんがり！」(Akiさん)

◎寝具を見直す

「ベッドをやめて、家族全員ふとん生活です。次男は、『アイリスオーヤマ』のエアリーマットレスを使っているのですが、これが軽くて子どもでもさっとたためてかさばらない。自主的にふとんを片づけられるようになりました」(尾崎友吏子さん)

「夏場のタオルケットをやめて、年中使える薄ふとんへ替えました」(ayakoさん)

◎カーシェアを利用する

「車が趣味だった夫。平日は乗る機会がなく、乗って月2、3日。維持費がもったいなく手放しました。バスやタクシー、車が必要な場合はカーシェアを利用。月会費が必要ですが、スマホで簡単に予約ができ、あとはカーシェアステーションへ行くだけ。10分単位で借りられて、ガソリンを入れて返却しなくてもいいのでレンタカーより気軽です」(Akiさん)

◎スタッキングができて シンプルな食器にする
◎同じものを買い足せる食器にする
◎ガラスのコップをやめる

「我が家に食器棚がないので、キッチンの吊戸棚に収まる量だけ、と決めています。和洋中、どんな料理にも合うものを、と考えると白い食器に。リムにデザインのあるものを選べば、適度な華やかさも出ておもてなしにも使っています」（Akiさん）

「冷たい飲み物をあまり飲まないのでガラスのコップが減ってきました。子どもは陶器のものを使っています。今あるグラスのほとんどが、夫がビールとワインなどを飲むためのもの。なので、夫がこんなにいらないと言えば、もっと減らせるかも」（ayakoさん）

◎子どものおもちゃは 長く使えるものに

「使い捨てや安いおもちゃより、次の使い手を考えて、耐久性があったり、ロングセラーの質の良いおもちゃを揃えています。オークションなどで中古品も安く購入できます。普通サイズのレゴブロックは、まだまだ使います。ヒーロー戦隊ものは、1年で賞味期間が過ぎるので、我が家では買わないようにしているおもちゃです」（尾崎友吏子さん）

PART 3

自分らしくあるために小さく暮らす

名は体を表すというように、家を見ればなんとなーく、住んでいる人たちの個性がわかります。
どんな家を選んで、どんなふうに暮らすか。
最初は、自分が家や暮らし方を選んだと思っていても、
長く住み続けるうちに家が教えてくれることがあって、
知らない間に、住む人に少なからず影響を与えていることってあると思います。
そのことを強く感じたのが、PART3に登場する3つの家と家族。

京都の町家に暮らす美濃羽さんは、生粋の京都人。でも、育ったのは現代的な家。

岐阜育ちの夫の希望で、町家暮らしを始めたことで新しい価値感と出合います。

せっかく買ったマンションを1年足らずで手放し、
安泰と言われる職もやめて、移住しカフェを始めた知識さん夫妻。

「ここだ!」と選んだのは、大家らしからぬキャラの大家さんが始めた、ユニークな集合住宅。

そして、そして!

オフグリッドな生活を目指す鈴木さん一家は、トレーラーハウスを選びます。

なんでわざわざその家に!?　という驚きと、話をうかがううちに浮かんできた、
こういうのもいいかも!　という新しい選択肢です。

case 8

■手作り服のブランド「FU-KO.basics」主宰。手作り暮らし研究家。『FU-KOさん家の小さなくふう、ていねいな毎日の作り方』（日本ヴォーグ社）など著書多数。大学勤務の夫、長女、長男の4人家族。

■美濃羽まゆみさん

京都の町家で見つけた気持ちよく暮らす知恵

80㎡

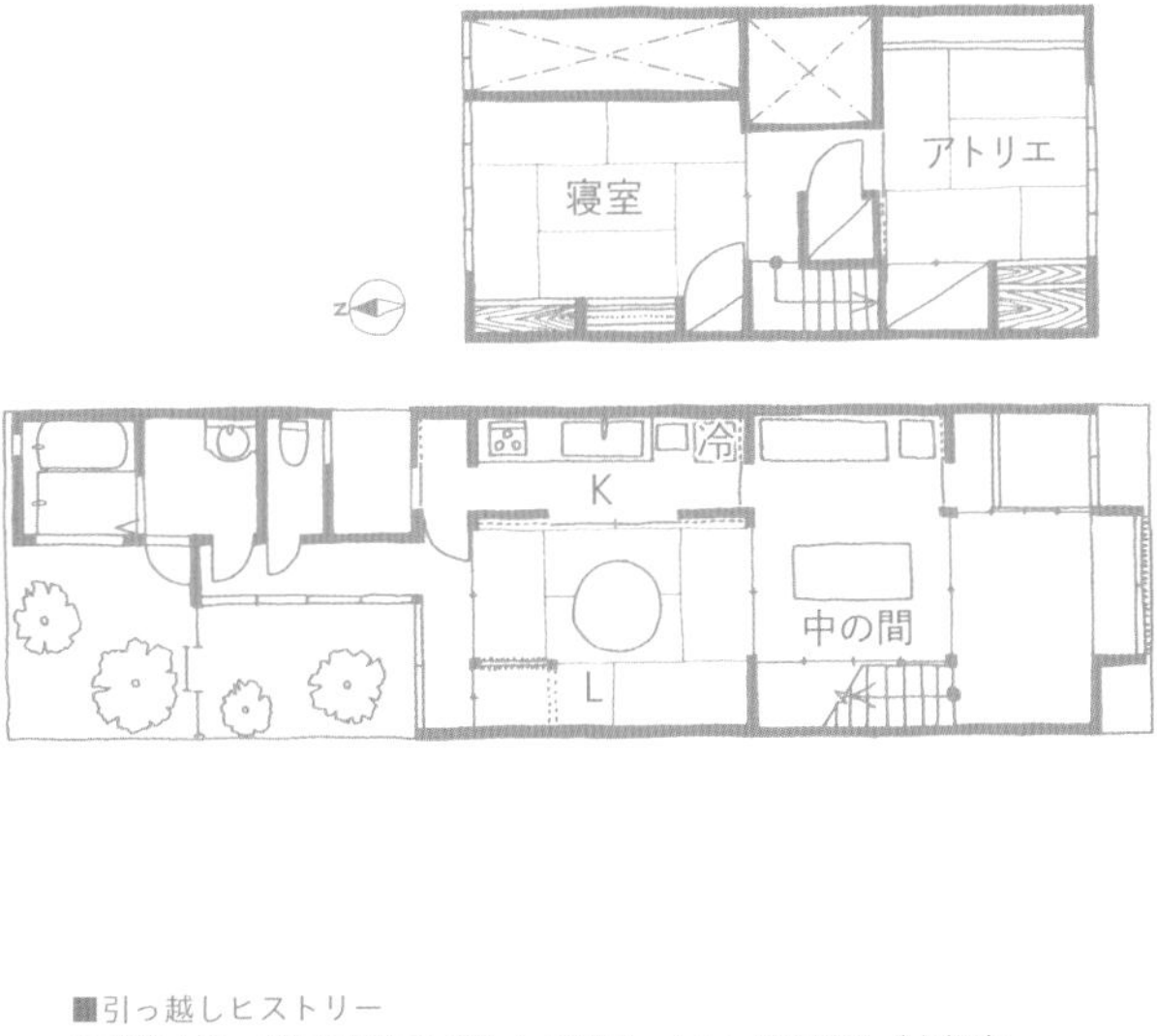

■引っ越しヒストリー

①賃貸木造一軒家2階建て／80㎡／3LDK、ベランダ庭付き／京都府

→〈現在の家〉分譲一戸建て／築90年／80㎡／2LDK／京都府京都市上京区

昔ながらの京都のよさが残る地域と町家

京都生まれ京都育ちの美濃羽さん。育ったおうちは現代的な戸建てだったそうで、夫婦そろって京都らしい町家への憧れもあり、選んだのは築90年の２階建て。郵便ポスト代わりに魚籠《びく》を使ったり、玄関には目隠しとして麻ののれんをかけたり、日本的なしつらえを楽しんでいる。１階の瓦のうえに魔除けの神・鍾馗《しょうき》様の像があるのも古都らしい。「地元との結びつきが強く、子どもを見守ってもらえる安心感があります」

消火器

夏と冬で寝室とダイニングの
場所がかわる、合理的な日本の暮らし

夏だけの寝室でもあるリビング

1階にある6畳の和室をリビングに。テレビを見るのもここ。床の間には、机を置いて長女の勉強スペースにしている。三方が障子で囲われていて、奥の障子を開けると廊下ごしに中庭が見えるという和める環境。夏の間は、涼しいこの部屋が寝室になり、冬は障子を閉めて灯油ストーブをともしあたたかなダイニングになる。日本人の生活の知恵が垣間見える町家暮らし。こうしたことを学校で学んだ長女は「うちと同じ」と嬉しそうに話していたとか。

町家ならではの「おくどさん」

リビングのすぐとなりがキッチン。リフォーム時にシステムキッチンを取り入れたが、玄関から細く長く続く間取りは、「おくどさん」の名残を残す昔ながらの様式。明かりを取るためと煙を逃すために吹き抜けになっていて、この吹き抜けのおかげで、1階、2階と離れて過ごしていても家族の気配が感じられるそう。2階をアトリエにしている美濃羽さん。「家族が何をしているかわかるから、家でできる仕事を選べました」。“家族が家で過ごす休日は仕事をしない”とメリハリもついた。

水屋箪笥が映える、板の間のダイニング

「中の間」と呼んでいる６畳の板間は、ダイニングに。中央の一枚板の立派なテーブルは、引っ越しでお世話になった不動産会社からの贈り物。好きな一枚板を選ばせてもらったそう。高い脚にも付け替え可能なので「子どもが大きくなったら、イスの暮らしもいいかも」。冬は寒いので、となりの和室の障子を閉め切ってごはんを食べる。奥に見えている、ラタンのキャビネットには子どもの着替えを収納。

長所も短所も両方ある町家暮らしっておもしろい

古い家が並び、京都らしい品が感じられる西陣の街並。そのなかでもひときわ目立つ、築90年の町家に美濃羽さんは家族4人で暮らしています。冬のあまりの寒さと薄暗さに暗澹とし、快適な家を新築したらよかった、と後悔したこともあったとか。

「リフォーム済みの物件を購入したのですが、壁などは塗りなおしてあったものの、間取りなどは昔のままで、新しくなっていたのは水まわりのみ。あとは、土間だったキッチンと板の間の床の高さをほかの部屋と合わせてあったくらいでした」

家の短所は考えようによっては魅力でもある、と頭を切り替えた美濃羽さん。冬の寒さを裏返すと夏は涼しく猛暑をやわらげてくれるわけだし、薄暗いのは陰翳礼讃の心で、情緒がある、ととらえるように。

美濃羽さんの暮らしがおもしろいのは、季節によって寝室とダイニングがかわること。ふだんはリビングとして使っている部屋が、風が通る夏の間だけは寝室に（他の季節は2階で寝ているそう）。冬の間、板間のダイニングでは寒すぎるので、夏は寝室としていたリビングがダイニングに、というふうに。こんなにフレキシブルに「家庭内移住」ができ

るのは、座卓、ちゃぶ台、ざぶとん、ふとんという現代的な生活から存在感が薄れてきている道具のおかげ。
そのほか、畳そうじがしやすいのは掃除機ではなくほうきだった！　などこの家だからこその道具がわかりはじめ、暮らしはさらに快適に。
便利なものが手に入る世で、わざわざ知恵をしぼる。怠ってはいけないことだと、美濃羽さんの暮らしが教えてくれました。

よく使う食器棚とサブの食器棚を使い分け

存在感のある水屋箪笥とオープンラックを使い分け

町家らしい特徴のひとつが、収納が全然ないこと。現代の家にならありそうな、気の利いた収納システムとは無縁のため、美濃羽さんもしばらくは片付けをどうしたものか、と試行錯誤したそう。

大きな収納家具といえば、中の間にある水屋箪笥だけ。ここには、大切にしている和食器のほか、夫の趣味のバイク用品、取扱説明書などの書類などを。

そのほかは、オープンラックとかごをフル活用。冷蔵庫や水屋箪笥の脇の隙間に、ぴったりおさまるオープンラックを置いて、さらに生活用品は種類別にかごにまとめています。どん、と重量感のある水屋箪笥と、どこにでも置ける軽やかな存在感のオープンラックとかご。その緩急のつけ方が、見た目にも使い勝手にもバランスがいいようです。

この3つは自分で作りました

消耗品は100円ショップも利用するけれど、基本的には長く使える器を。来客用、普段用と分けずにどんどん使う。

左は、道にご自由にお持ち下さいと置かれていた「都をどり」のノベルティの小皿。かわいい！と色違いで持って帰って来たとか。

オープンラックには、毎日必ず使う食器やグラス、ふきん、梅干しなどの保存食を収納。子どもが配膳のお手伝いをしやすくするためもあり、茶碗、汁椀、湯のみ、箸はそのままテーブルへ持って行けるようかごのトレイに。茶碗とグラス類は食べ終わって洗ったら水気を切り、またかごに戻して自然乾燥。

町家と水屋箪笥。あまりにしっくりくる姿に「今でもいい買い物をした」と見るたび満足。収納力があるため、節句の飾りや地蔵盆に使う提灯など、器以外の収納にも。和食器は中央のガラス扉の中に。大きさ別に分けて、あまり重ねないように気をつけているとか。下段の引き出しには、お茶の道具やコースター、すりこぎやお弁当箱など小さな道具を。

こんなふうに収納が
少ない悩みを解決

階段下をフル利用

中の間の戸（舞良戸《まいらど》というそう）を外すと、階段が！ 階段下を突っ張りポールや有孔ボード、かごを駆使して、シーズンの洋服収納に。パズルのようなムダのなさと、乾いた洗濯ものがすぐに片付けられて動線もいい。

そうじはほうきとスタンド型掃除機で

奥行きのある美濃羽家。掃除機を使うには何度もコンセントを差し替えねばならず、ガラガラと車輪を引っ張るのも面倒の極み。そこで、たけほうきでゴミを集めて、「マキタ」のコードレス掃除機で吸い取る作戦に。 写真のように玄関のオープンラックの脇にひょいっと掛けられるので、収納の場所もとらず一石二鳥。

ゴミ箱は置かずに、紙袋を吊るす

各部屋にあったゴミ箱の中身を回収するのに疲れ、「ゴミ箱を置くのをやめよう」と決意。紙袋をゴミ箱がわりにしたところ、そのままゴミの日にも出せるナイスアイディア。床に置かずにぶら下げるのがポイント。紙袋なので自然にゴミの水気を切るように心がけられる、とか。

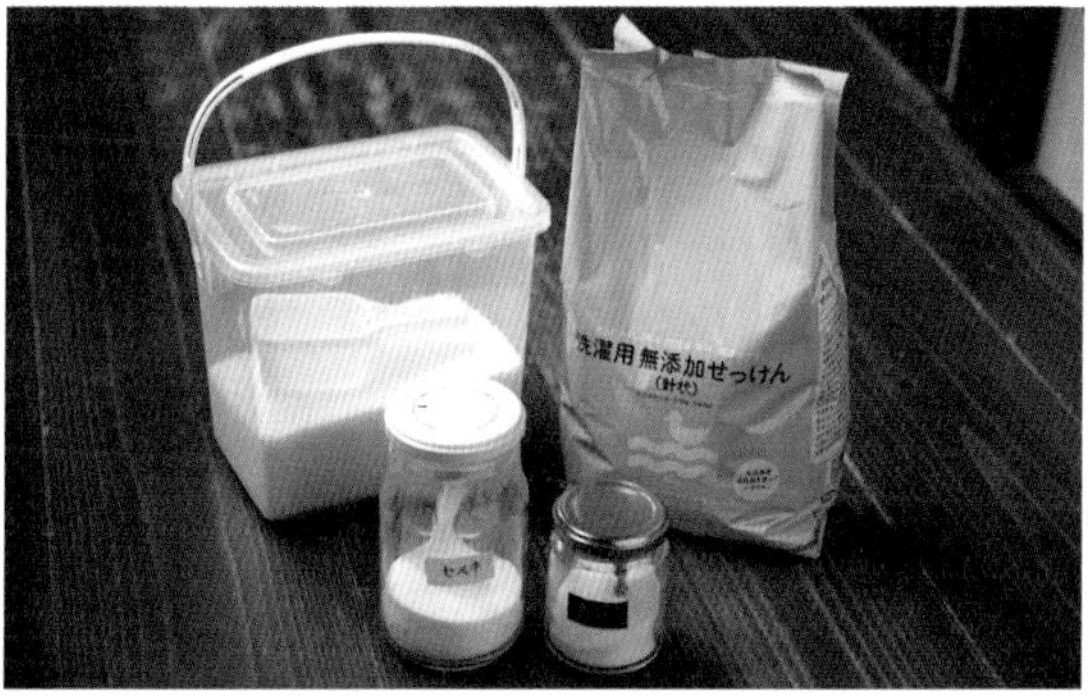

洗剤を最小限に

置き場所を減らすだけでなく、体と環境のことを考えて、洗剤類は汎用性の高いエコロジカルなものを選ぶ。洗濯は、無添加の粉せっけんを。柔軟剤はなし。洗濯だけでなくキッチンの油汚れにも威力を発揮し、消臭効果が高いセスキ、重曹より強力でふきんや五徳の煮洗いに活用できる炭酸塩などを愛用中。

case 9

■鹿児島生まれの淳悟さん（40歳）、東京生まれ館山育ちの絵理子さん（41歳）。ITの開発をする企業で同僚として働き、結婚。館山にUターンし、カフェを始める。

■知識《ちしき》淳悟《じゅんご》さん・絵理子さん

船橋から館山へ。
移住で始まる
あたらしい生き方

63.36㎡

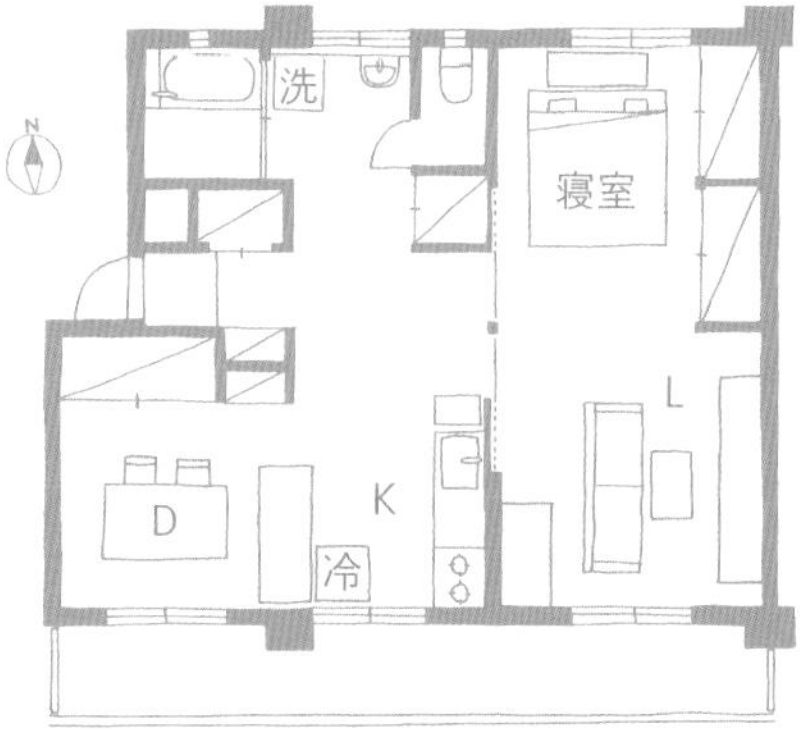

■引っ越しヒストリー

①賃貸マンション／1R／東京都文京区→②賃貸マンション／1LDK／東京都江戸川区→③賃貸マンション／2LDK／東京都江東区→④分譲団地／1LDK／千葉県船橋市

→〈現在の家〉賃貸団地／築39年／63.36㎡／1LDK／千葉県館山市／2017年から入居

キッチンは、土間みたいなモルタルの床に

キッチンの一部だけ一段下がった造り。築39年の公務員宿舎を再利用した賃貸物件だが、室内リフォームが決まっていたため、大家さんに「モルタル仕上げにして土間のようにしてほしい」と頼んだら、こんなかっこいい仕上がりに。キッチンカウンターも、いたってシンプル。浴槽も前の家で使っていた猫足タイプの浴槽のことを話したら、同じものを採用してくれたとか。

case 9 賃貸団地／築39年／63.36㎡／1LDK

人生折り返し。
新しく選んだ土地と仕事と家

千葉県の館山におもしろい団地がある、と教えてくれたのは国立の団地に暮らす内藤さん（↓P104）でした。売りに出ていた築39年（うち3年間は閉鎖）の公務員宿舎をひとりの男性が落札し、ＤＩＹ自由な賃貸物件として蘇らせたというのです。庭には、大きなキャンピングトレーラーがあり、住人のみんなで海や花火大会に出かけるときはタイの3輪タクシー「トゥクトゥク」が走り、ギャラリーやゲストルーム、大勢で囲める共有のキッチンなどわくわくするような「福利厚生」がついているとか。

知識さん夫妻は、この「ミナトバラックス」の入居者第一号。もともと都内でＩＴ関係の会社員をしていたふたり。船橋市でマンションも購入していましたが、妻の絵理子さんの地元・館山で、「祖父が残した築１００年の洋館を有意義に使いたい、もっと多くの人に見てもらいたい」とカフェを始めることに。

新生活に向けて、住まいを探していたところでした。

「同潤会アパートのような、古い集合住宅が好きなんです。船橋の家も団地を買って、リノベーションしていました。ここも初めて見たときにまだ改装前だったんですが、これはいい！ってピンときて」と絵理子さん。大家さんである漆原《うるしばら》秀《しげる》さんの人柄、暮らしがおもしろくなることをどんどんやっていこうという熱意にも惹かれたそう。

20年近く勤めた会社と、せっかく購入し自分たち好みにリノベーションした住まいを1年住まないうちに手放したと聞くと「なんてもったいない！」と思ってしまいましたが、ふたりはいたって清々しく、軽やか。「ずっとITの研究をしていたから息が詰まっていたときもあった。今は、人の幸せに携われることが楽しい」と、淳悟さん。

40代で選んだ自分たちらしい生き方。いろんな楽しみが待っているよう。

「カフェのほうが忙しくて、なんにも家のことができていない（笑）。これから、ゆっくり造っていきます」

ニューヨークの大学で広告写真を学んでいた絵理子さん。ニューヨークの古いアパートメントや、日本の戦後のコンクリートの集合住宅の雰囲気が好きで、以前住んでいたのも古い団地。リノベーションして、壁を塗ったり棚をつけたりDIYを楽しんでいた。暮らし始めて1年足らずでカフェをやることを決め、館山へ移住。今は、賃貸として貸しているそう。

「昭和感」と「シンプル」そのバランスがいい

1／シンプルなキッチンカウンターは、「ミナトバラックス」全室のために大家さんがオーダーで造ったもの。淡いクリーム色の壁はもともとの色で、塗り直したり壁に棚を取り付けてもいい。現状回復もしなくてよし。

2／寝室の押し入れには天井からカーテンを吊るし、目隠しを。天井の木目に昭和の名残が。

寝室の押し入れには天井からカーテンを吊るし、目隠しを。天井の木目に昭和の名残が。

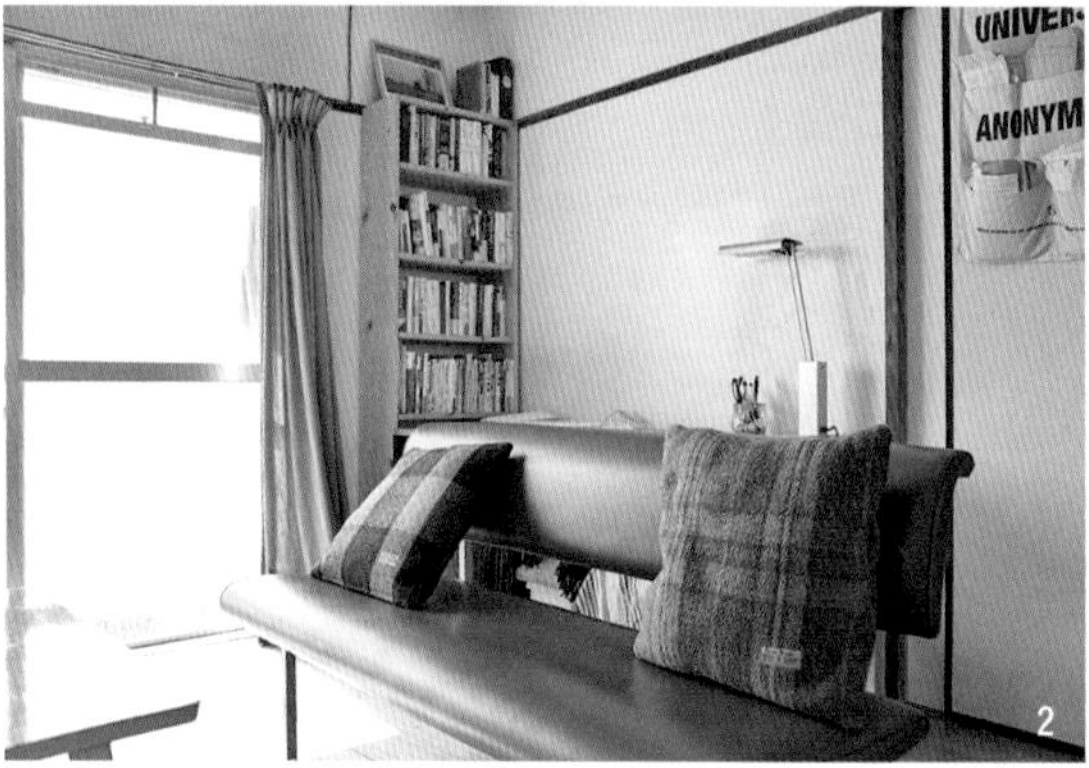

少しずつ家を造っていく楽しみ

1／「窓の外を見るのが好き」と、横並びに置いてたダイニングテーブルのイス。ダイニングからは田園風景が、ベッドルームからは窓から身を乗り出すようにしてがんばれば富士山が見える。

2／「もともと持っていた家具は全部カフェで使っているので、家にはありあわせの家具しかない（笑）」。古道具屋で買うことが多く、リビングのソファは病院の待合室で使われてたベンチ。

3／キッチンとひと続きになっている脱衣所。右手がトイレで、左手がバスルーム。カーテンをつけることもできるし、家具で仕切ってもいい。シンプルなリフォームしかされていないので、自由な間取りが楽しめる。

ところどころに写真やファインアートを

1／家の中をぐるっと見ると、写真を学んでいた絵理子さんの愛用カメラや作品が。前の家でのペンキ塗りに使った刷毛が捨てられず、オブジェとして飾っている。2・3／絵理子さんのお母さんは、現代アーティストでその作品も飾られていた。4／コーヒーのための道具。上段にあるタンブラーは、カフェオリジナルのロゴ入り。ロゴデザインは絵理子さんによるもの。カフェの役割分担を聞くと、絵理子さんは料理、写真、WEBデザイン。淳悟さんは在庫管理と経営。右脳と左脳、それぞれフォローし合う仕事面でも理想的なパートナーだ。

3

4

大家さんも、物件も、住民も魅力的。DIYerが集う「MINATO BARRACKS」

トゥクトゥクが公用車

生活をおもしろくしたい！10世帯が集結

アメリカ文化好き、DIY好きの大家さん・漆原秀さんの趣味で、ユニークなコンセプトのもと生まれた「ミナトバラックス」。1階は共有スペースになっていて、レンタルDIYガレージ、ギャラリー、キッチン&リビングに。

つかず離れずのいい関係を築く住人たち。ファミリーもいれば、単身赴任の会社員、退職をしてのんびりしたいひとり暮らしまで。持ちよりごはん会や地域の住民を招いての餅つき大会などもあり、現代の長屋のよう。

case 9 賃貸団地／築39年／63.36㎡／1LDK

以前、団地で使われていた集合ポストを譲り受けて白くペイント。
キッチンでストック入れに再利用。

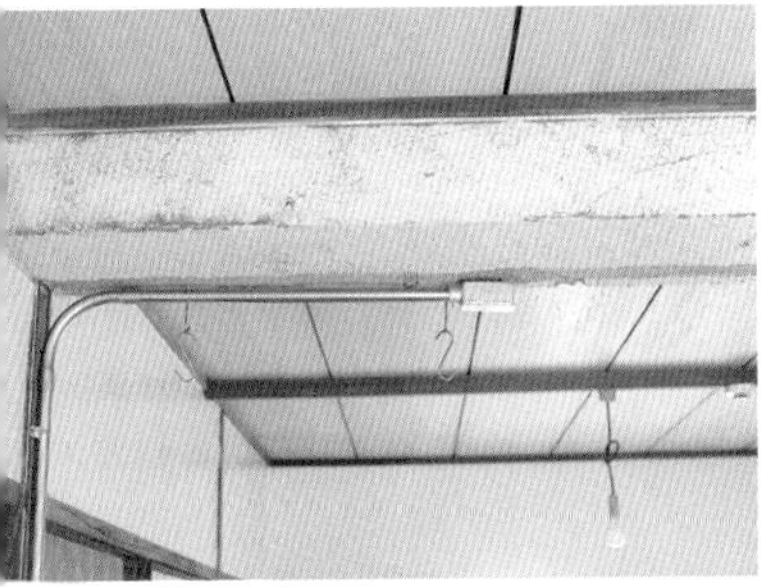

あえて電気配管をむきだしにした仕上げ。工場のようなラフさに“電気配管萌え”するとか。

既存のポストの代わりにアメリカで使われている集合ポストを採用。

海が見える築100年の白い洋館。祖父の持ち物を残したくてカフェを始めました

カフェオープンの根底は「人のためになることがしたい」

カフェを始めた理由は、祖父の残した洋館をいいかたちで保存したかったこと。そして、ニューヨーク留学中に様々な人と出会い、いろんな環境下に生きる人がいることを感じたから、と絵理子さん。「人や社会のためになることを」とフェアトレードの品を扱うカフェを始めました。名物は、ふわふわのおからマフィン。地元の新鮮な材料をたっぷり使っています。

「トレイクルマーケット＆コーヒー」。もともとは別の場所に建っていた洋館を、政治家だった絵理子さんの祖父が馬車で運んでここに移築したという。有形文化財に登録されている。フェアトレード商品、伝統工芸品、エコ商品を扱い、毎週末、社会問題を取り扱う映画の上映会も行う。

case 10

■NPOグリーンズ共同代表、greenz.jp編集長。1976年バンコク生まれ港区育ち。月刊誌『ソトコト』を経て、2006年Webマガジン「greenz.jp」を創刊する。著作に『「ほしい未来」は自分の手でつくる』（星海社新書）。妻、17歳の長女、15歳の次女の4人家族。

■鈴木菜央さん

家じゃなくても いいじゃない? 広大な庭に トレーラーハウス という選択

-115㎡

約35㎡ ← 約150㎡

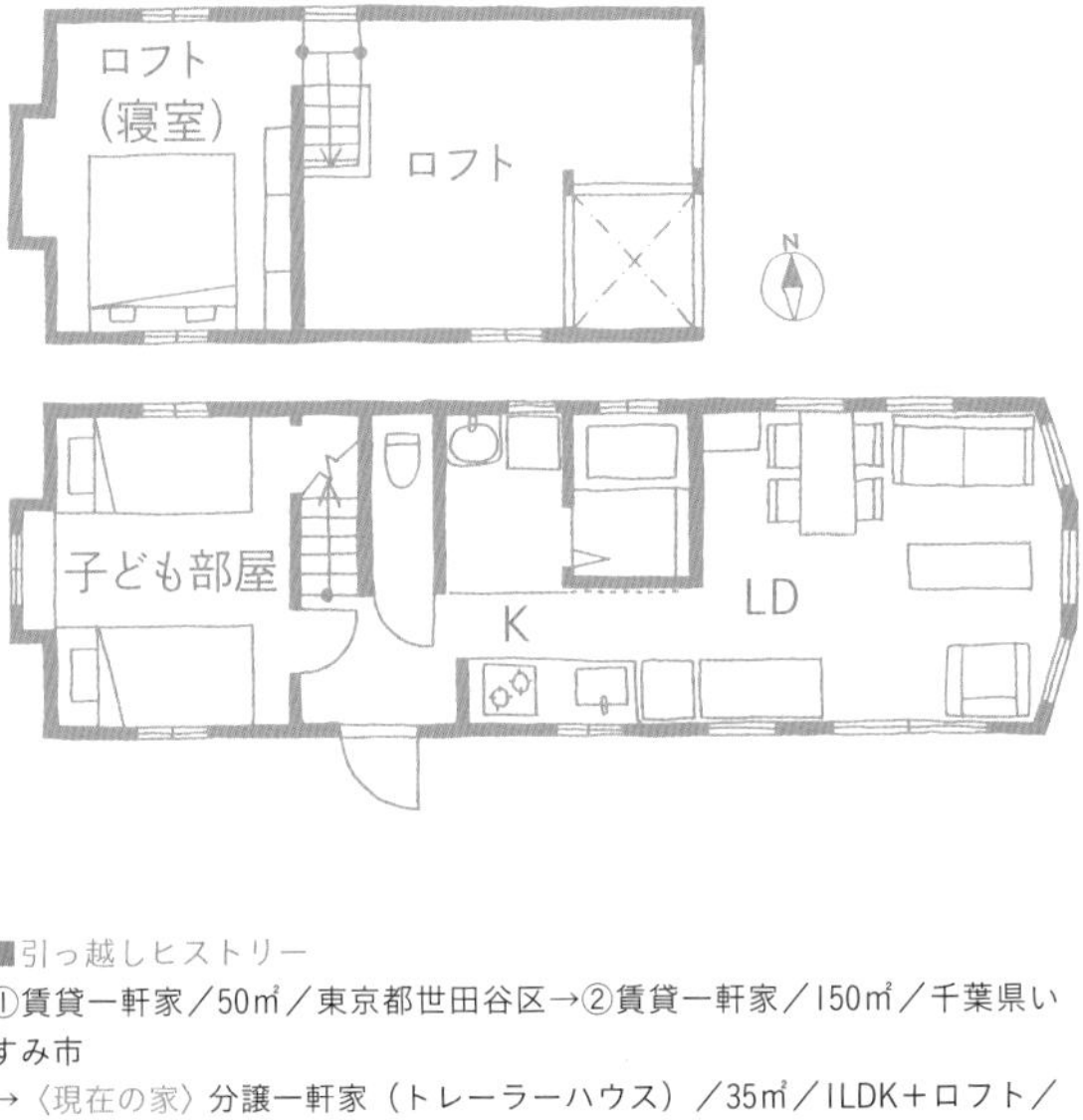

■引っ越しヒストリー
①賃貸一軒家／50㎡／東京都世田谷区→②賃貸一軒家／150㎡／千葉県いすみ市
→〈現在の家〉分譲一軒家（トレーラーハウス）／35㎡／1LDK＋ロフト／千葉県いすみ市／2014年入居区

車内と思えない！ 快適なリビング

淡い水色の壁に三角の天井。深い青のソファやラグ。こぢんまりとしたセンスがいいリビングダイニング。……なんと、これ、車の中なんです！「トレーラーハウス」というのが信じられないくらい。トレーラーハウス全体は幅3.5×長さ11m、重さ10ｔ。2×4の構造で、鉄のフレームの上にしっかり固定されている。窓の外は、畑と飼っているウサギと鶏がえさを食べている、のどかな景色。

外房の海で知られるいすみ市。鈴木さん家族が暮らすのは少し内陸に入った田園地帯で、移住者に人気のある場所だそう。75坪の土地を購入し、そこにトレーラーハウスを固定。裏に見える竹林は、春はタケノコの宝庫。最近、畑も始め、育てて収穫する楽しみが増えた。

書斎としてDIYで建てた、なんともかわいらしい小屋。構造材はホームセンターで購入し、仕上げ材となるトタンや古い木材は取り壊した住宅から出た廃材を使った。「小屋を作ります！」とSNSで呼びかけたところ、多くの友人、知人が集まって手伝ってくれた。

消費者から暮らしを創る人へ

トレーラーハウスって、こんなに快適なものなのか。と驚いてしまった。ウェブマガジン『greenz』を主宰し、「自ら暮らしを創りたい」と発言している鈴木菜央さん。東京から千葉のいすみ市へ移住し、しばらくは大きなログハウスで暮らしていましたが、次に選んだ住まいは、なんとトレーラーハウスでした。

「大きさも金銭的にも自分で面倒見られるサイズの家で、手をかけて暮らしたいと思っていたんです。アメリカでタイニーハウスのブームもあったし、小さな家もいいな、と思っていた矢先、友人がトレーラーハウスを売りに出すことを聞いて」と、150㎡から35㎡へと大幅なサイズダウン。家族は誰も反対せず、むしろ一緒に下見に行った妻にいたっては「いいね！」と積極的。

東京の港区で育った「超都会っ子だった」と話す鈴木さんも岩手出身の妻も育った環境は違うけれど、便利や効率を追い求める消費文化には懐疑的。

「蛇口をひねれば水が出る。野菜はビニール袋にきれいに入っている。なにかをするにはお金がかかる。そんな都会的な暮らし方ってガラスの上に成り立っているようなもので、天災や不景気があったら大きく変わってしまうと思うんです」。いろんなことが大きく移り変わるこの時代で、自分の生活の面倒は自分でしか見れない、そう感じていた鈴木さん夫妻は、小さく暮らすことを選択。そのひとつがトレーラーハウスというわけ。

「車」というと驚くけれど、車輪がついているだけでいたって普通の住宅となんにも変わりません。

「家が小さいとＤＩＹとかなにかをやろうと思ったら、すぐにできる。電気、ガス、水道料金も今までの半分以下。いろんなことがコンパクトになって、フットワークも軽くなる。小さいことが正義ではないけれど、僕たちに合ったサイズだと思います」

上／これぞトレーラーハウスの証、車輪。まるで絵本の『ちいさいおうち』のよう。
下／となりの敷地も購入し、畑を始めた。ウサギと鶏もいて動物天国。ウサギは雑草を食べ、糞がそのまま飼料になるとか。

大きな家具を手放して、小さな家具で居心地よく

玄関を入ると、左手が子ども部屋、右手にキッチン、その奥にリビングダイニング。階段を上がるとロフトという間取り。家族4人で35㎡というと窮屈なイメージだけど、立体的な造りなのでまったく狭く感じない。青をアクセントとしたインテリアは居心地がいいけれど、家具はすべてもらいものか、ネットオークションで手に入れたものだとか。「以前、150㎡の家に住んでいたときは広いからそれを埋めるために、テレビボードやオーディオ、ソファなど大きな家具をどんどん買っていたんです。今は物欲が減ったし、これで十分だとわかった」

1

2

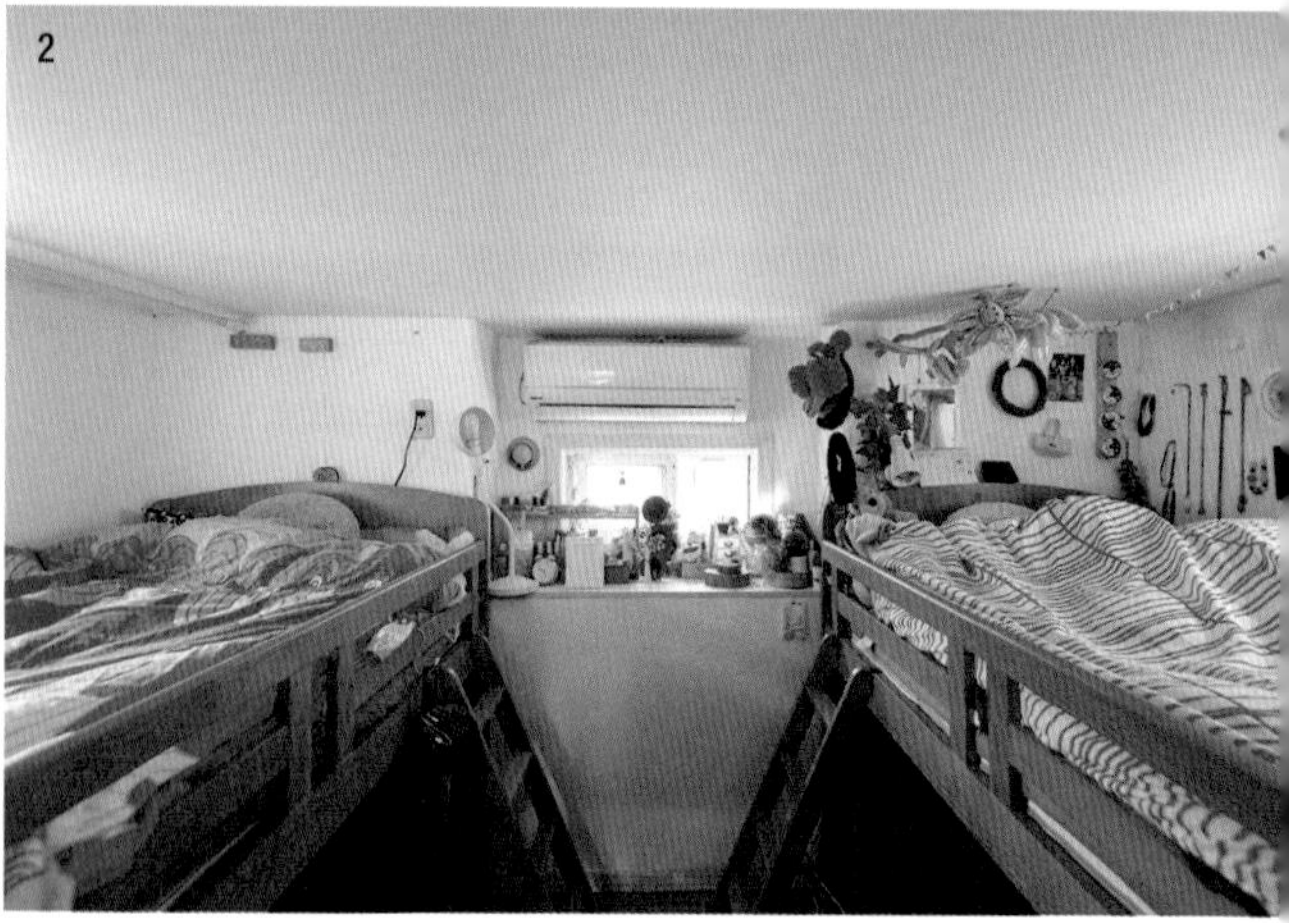

最近造った、子どもたちだけの寝室

1・2／夫婦の寝室はロフト。天井高1.4mでかがんで歩かないといけないが屋根裏部屋みたいで楽しい。子どもたちの寝室は玄関脇の洋室。取材の1週間前にベッドをもらったそうで、模様替えをしたばかり。空間を最大限に使えるよう、ベッドははしごを使って登る高さのあるもの。下のスペースを収納にしている。カラフルなベッドカバー、思い思いにディスプレイをした壁、とガーリーな世界観。

3／もともと上下水道がなかった土地だったため、整備工事をしてもらったとか。左に見えている階段を上がるとロフトに。

3

4年でローン完済。トレーラーハウスって、金銭的にも身軽

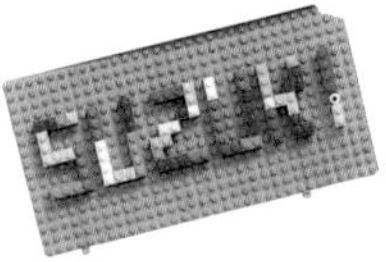

中古住宅も買えるけど、おもしろいほうを選びたい

2014年に暮らし始めてもうすぐローンを完済するというから、うらやましい話。かかった費用をうかがうと、トレーラーハウス本体(中古6年)約485万円、土地代が75坪で150万円、上下水道整備150万円、トレーラーハウスの移動と設置費80万円しめて865万円なり。

ただし、住宅ローンは適用されず、土地と上下水道整備代は現金払い。トレーラーハウスはカーローン適用で金利が高いため、早く払おうと4年で完済することにしたとか。ちなみにこの金額だと、いすみ市では中古住宅も買えるそう。「わくわくしたいから、おもしろいほうを選びました」

後から造ってもらったウッドデッキ。ぶどうを育てているそうで、夏は、緑のカーテンとなり涼しい。

引っ越しは
こんなふう
でした

電気をできるだけ使わない「オフグリッド」な暮らしを

電気も自分で生みだす

「グリッド」とは送電網のこと。発電した電力に頼らずに電気を自給することを「オフグリッド」といい、鈴木さんは、できるだけオフグリッドに近い生活を目指しています。最初に実現したのは、庭に建てた小屋。太陽光パネルと電池で、室内灯とパソコン、スピーカーに使う電力をまかなっているとか。トレーラーハウスのほうは、「将来は薪ストーブや、屋根に手づくりの太陽熱温水器を設置したい」とゆくゆくの夢を語ってくれました。

5.5畳にロフト付きの小屋。しっかりと天井、壁に断熱をしているので、まったく寒くなく快適。以前は鈴木さんの書斎としていたが、経営しているシェアハウスの住人が猫を飼いたい、とただいまここで生活中。

本書は、『住まいと暮らしのサイズダウン』（2018年4月／小社刊）を再編集し、文庫化したものです。

柳澤智子 TOMOKO YANAGISAWA

編集者、ライター。書籍出版・イベントの企画を行う「柳に風」主催。大学卒業後、出版社、編集プロダクション、広告代理店で住宅雑誌に携わる。自然や登山、アウトドアが好きで、「髙橋紡」名義でも活動しており、参加している出版ユニット「noyama」の著書として『つながる外ごはん』(小学館)、『noyamaのおつまみいろは』(大泉書店)、『外あそび＆外ごはんをはじめよう』(文藝春秋)がある。

※本書の内容は発売当時（2018年4月）のものです。
※情報や価格などが変更されている場合もありますので、ご了承ください。

■ STAFF

撮影	西 希　吉村規子(P38-55、P144-165、P172-189) 花田龍之介(P190-205)
デザイン	山本めぐみ(EL OSO LOGOS)
平面図・イラスト	たけなみゆうこ(コトモモ社)
校正	菅野ひろみ
取材・文・編集	柳澤智子
企画	脇洋子
進行	成田晴香
フォント協力	★Heart To Me★(沙奈) http://www2g.biglobe.ne.jp/~misana/

マイナビ文庫

住まいと暮らしのサイズダウン
広さ、ものを手放して小さくすっきり暮らそう

2021年10月20日　初版第1刷発行

著　者　柳澤智子
発行者　滝口直樹
発行所　株式会社マイナビ出版
〒101-0003 東京都千代田区一ツ橋2-6-3 一ツ橋ビル2F
TEL 0480-38-6872（注文専用ダイヤル）
TEL 03-3556-2731（販売）／TEL 03-3556-2735（編集）
E-mail pc-books@mynavi.jp
URL https://book.mynavi.jp

カバーデザイン　米谷テツヤ（PASS）
DTP　木下雄介（株式会社マイナビ出版）
印刷・製本　図書印刷株式会社

ISBN978-4-8399-7768-9
Printed in Japan